Rudolf Landau
Aber Deine Toten werden leben

Ich widme diesen Band »meinen« Lehrvikaren und Lehrvikarinnen in den Gemeinden Schillingstadt, Schwabhausen und Windischbuch:

Volker Erbacher
Stefanie Nuß
Wieland Bopp-Hartwig
Annegret Ade
Heiner Kücherer
Judith Tornow

»Geht und verkündigt, dass Jesus lebt!«
(EG 116,4)

Rudolf Landau

Aber Deine Toten werden leben

Ein Trost- und Lesebuch mit Predigten zur Beerdigung

Calwer Verlag Stuttgart

Die Deutsche Bibliothek – CIP-Einheitsaufnahme

Landau, Rudolf:
Aber Deine Toten werden leben: Ein Trost-
und Lesebuch mit Predigten zur Beerdigung /
Rudolf Landau. – Stuttgart: Calwer Verl., 2002

ISBN 3–7668–3736–2

Satz: Karin Klopfer, Calwer Verlag
Umschlaggestaltung: ES Typo-Graphic, Stuttgart
Umschlagmotiv: Mimmo Jodice, ISOLARIO MEDITERRANEO
Druck und Verarbeitung: druckhaus köthen GmbH, Köthen

Inhalt

Vorwort

Der Erkennende
ist der Gräber,
die Erkenntnis das

Grab. Der
Gipfel der Ohnmacht
ist unten.
(Ernst Meister)

Vor diesem Gipfel steht die Gemeinde bei jeder Beerdigung. Nirgendwo wird die Ohnmacht des Menschen so deutlich wie da, wo einer oder eine von noch Lebenden begraben wird.

Auf den Dörfern spürt jeder noch etwas von der Trauer, der Bestürzung, dem Riss, der hinterlassen wird von einem, der mit gelebt hat.

Ein Pfarrer auf dem Dorf kennt die Menschen, die er zu beerdigen hat. Zumal wenn es so kleine Dörfer sind wie die, wo ich Pfarrer bin, im Badischen Bauland in Nordbaden. Und der Pfarrer sollte die Lebenden kennen. Mit ihnen zusammen feiert er den Begräbnisgottesdienst und mit ihnen zieht er dann zum Grabe und lebt dann wieder weiter mit ihnen unter der Woche. In den Dörfern stehen die Menschen oft vor den Gräbern derer, die sie gekannt, geliebt, geachtet haben. Man könnte da noch von einer Friedhofskultur sprechen, die gepflegt wird, wie die Gräber eben auch. Man wird seine Toten nicht los und will sie auch gar nicht los werden. Die Gespräche zeigen, wie sehr sie in den Erinnerungen und Gedanken und auch in der Sehnsucht der Hinterbliebenen noch anwesend sind. Anwesend immer in der Gewissheit: »Niemals mehr«. Niemals wird er wieder das Frühjahr sehen und seine Enkel lachend auf den Schoß nehmen. Niemals mehr wird sie wieder in die Augen des geliebten Menschen sehen und Arm in Arm mit ihm spazieren gehen. Niemals aber auch ist das Wort nachzuholen, das versäumt wurde, die Geste, die Umarmung; niemals mehr ist der Besuch zu machen, den man zu machen vorhatte, aber versäumte.

Niemals mehr ist die Vergebung auszusprechen, die ein Verhältnis geändert hätte zum glücklichen Miteinander hin. Es sind dem Tod zu verdankende »Nie mehr«, die die Beziehungen zu den Toten mit bestimmen.

Und auch das erlebe ich wieder und wieder in der Begegnung an den Gräbern auf unseren Friedhöfen: Wer von den älteren Menschen vor einem Doppelgrab steht, auf dem der Name des Ehepartners im Grabstein eingemeißelt ist, der weiß und will auch, dass dies sein Ruheplatz sein wird, weil für Christen gilt: »Bis der Tod euch scheidet«. Dies ist eine vorläufige und zeitlich begrenzende Formel – wer liebt, will Ewigkeit. Und Gott wird auf seine Weise vereinen, was geschieden wurde mit des Todes Hilfe durch ihn. So wird der Glaube eingefasst in irdisches und Irdisches überholendes Geschehen. Liebe erkennt keine Ohnmacht an, sie ist der Gipfel, der die Zeiten überblickt und eben da sieht: »... aber die Liebe ist die Größte unter ihnen«.

Diese hier gesammelten Predigten geschahen auf den Dörfern, in denen ich Pfarrer war oder bin: in Sexau im Breisgau, in Schillingstadt und Schwabhausen und Windischbuch in Nordbaden und in einigen anderen Orten.

»Der Gipfel der Ohnmacht«, der »unten« ist, soll in dem Beerdigungsgottesdienst bezwungen werden. Diesen Gipfel bezwingt aber nur der, der ihn im Namen des lebendigen Herrn Christus angeht. Kompromisse mit dem Tod sind dabei ausgeschlossen. Der Tod verspricht nichts. Christus verheißt den Sieg und die Auferstehung der Toten. Predigt gibt diese Verheißung weiter. Sie ist Verheißung und Versprechen: dies Leben, das zu Ende ging, ist aufgehoben in der Liebe Jesu Christi – und die wird es neu machen am Tage, da er kommen wird zu richten die Lebenden und die Toten. Deshalb ist Predigt auch nicht Gerichtspredigt über den Toten. Sondern sie hält das Leben und die Lebensgeschichten des Toten als Gleichnis der Liebe Gottes hinein in die Verheißungsgeschichten, die Christus mit uns macht, immer schon, gegen den Tod (Christian Schwarz).

Der Lebenslauf des Verstorbenen wird im Gottesdienst eingebunden in zwei Lesungen aus der heiligen Schrift, die so den wirklichen »Rahmen« dieses Lebens bilden – es war immer schon gehalten vom Worte Gottes. Und allein dies Wort wird es auch herausreißen aus dem Tod. Es ist das Wort, das in den Bibeltexten der Predigten die Predigt regiert. Das ist allermeist der Konfirmationsspruch des oder der Verstorbenen. Viele von ihnen haben seit ihrer Konfirmation mit diesem Lebenswort gelebt, es hat zur eisernen Ration des Glaubens gehört, wie das Vaterunser, das Glaubensbekenntnis, einige Liedverse und Psalmen und die Liturgie des Gottesdienstes. Der Konfirmationsspruch, so erfahre ich es immer wieder bei den älteren Christen, half, Gottesspuren im Leben zu entdecken oder an Gott festzuhalten in schweren Zeiten Er ist gleichsam das Leitwort im Leben des Christenmenschen gewesen. Dies Wort soll nun helfen, sein abgeschlossenes Leben in das ewige hinein zu deuten, weil es bleibt in Ewigkeit und mit ihm der Mensch, der ihm zugehört hat.

So sind Beerdigungspredigten nichts anderes als die Verkündung: Ohnmächtig ist allein der, der hier alle Macht gehabt zu haben scheint, der Tod. Er ist entmächtigt, kraftlos und der Gipfel der Ohnmacht ist bezwungen, weil Jesus Christus ganz unten war und dort der lebendige Gott seine Macht ein für allemal erwies. Wir glauben das und predigen das als verheißendes Wort, als promissio, die gewisser ist als alles, was vor Augen liegt. Deshalb ist »die Erkenntnis«, die *Ernst Meister* lapidar anspricht, niemals das Grab. Erkenntnis geschieht aus dem Glauben an die Wirklichkeit des Auferweckten, der die Möglichkeit des Todes zur letztendlichen Unmöglichkeit macht. »Der Gipfel der« göttlichen »Macht ist« unten, nämlich im Grab des Jesus von Nazareth, der in der Macht des Heiligen Geistes auferweckt und aus dem Grab gerissen wurde, damit »wir leben«.

Die beiden Sonntagspredigten, die in diesen Band eingefügt sind, sollen das bestärken und unterstreichen, denn die Gemeinde des Auferweckten Jesus Christus lebt von Sonntag zu Sonntag, und in diesem Lebensweg sind unsere Toten eingezeichnet als die, die mit auf dem Wege waren und nun der Gemeinde voraus, am Ende des Weges, im ewigen Leben, angelangt sind.

Predigten aus einer Predigtreihe, die ich im Sommer 2001 über das Apostolische Glaubensbekenntnis hielt, rahmen alle anderen Predigten. Sie zeigen die Zukunft an, die im Glauben Gegenwart ist, weil der Glaube die Zeiten durcheilt und Zukünftiges als Verheißung gegenwärtig sein lassen darf. Der Glaube der Christen ist das Zeitverschränkungen durchbrechende Ereignis gottgeschenkter Gleichzeitigkeit. Zugleich wird in diesen Predigten deutlich, dass Lehre ein Geschehen und kein festgelegtes, ein für allemal gültiges Dogma ist – wie sollte das auch möglich sein bei den Zukünften, die uns verheißen, aber nicht geschaut, sondern geglaubt und also in Gleichnissen und Bildern nur erfasst werden können! Denn auch das Dogma ist zielgerichtet, es »nimmt teil an der Bewegung, in der wir uns befinden, aber es lenkt diese Bewegung hin auf den Punkt, auf dem unser Glaube Ruhe findet, der selbst aller Bewegung entnommen ist. Es richtet unsern Glauben aus auf den Punkt, der jenseits der Todeswelt liegt, und darum heißt es von allem rechten Glauben, dass er der Sieg ist, der die Welt nicht erst überwinden wird, sondern überwunden hat: Die Teilnahme an dem Sieg, der am Kreuz und in der Auferstehung Jesu bereits vollzogen ist« (Hans Joachim Iwand).

Ich habe wieder mannigfach zu danken. Meinen Lehrvikarinnen und Lehrvikaren, deren Namen in der Widmung des Buches stehen, die mit mir Wege in den Gemeinden und zu den Menschen und mit den Menschen, die ihnen für kurze Zeit anvertraut waren, gingen.

Heiner Kücherer, einem von ihnen, ist zu danken für dauernde Ermunterung zum Drucke des Buches und für manch wertvollen Hinweis bei der Durchsicht der Texte.

Gertraud Eyselein hat akribisch Korrektur gelesen. Ich danke ihr von Herzen. Alle Fehler, die noch gefunden werden, gehen allein auf mein Konto.

Den Mitarbeitern des Calwer Verlages danke ich für wieder einmal bewährte Freundschaft und Großzügigkeit.

So möge dies Buch trösten und helfen, aufzublicken auf den, der Anfänger und Vollender unseres Glaubens ist: Jesus Christus. Es soll trösten und helfen, im Schmerz auszuhalten. Heilen kann nur der, der »Tröster« heißt, Gott der Heilige Geist – und er wird es tun zu seiner Zeit an denen, die ihm vertrauen. Dies Buch kann und will Sprach- und Sprechhilfen bieten denen, die an Gräbern zu reden haben und die Wahrheit nicht versäumen möchten, weil sie die Auferstehung der Toten glauben. Wer nur hinweghelfen will über das, was die Zeit sowieso heilt, wird hier wohl keine Hilfe, er wird nur Ärgerliches finden. Sei es so.

Immer leben, sterben und predigen wir also in der Zeit, die umfasst ist von dem, der spricht: »Fürchte dich nicht! Ich bin der Erste und der Letzte und der Lebendige. Ich war tot, und siehe, ich bin lebendig von Ewigkeit zu Ewigkeit und habe die Schlüssel des Todes und der Hölle« (Offenbarung 1,17–18).

Schillingstadt, am 1. Oktober 2001 Rudolf Landau

Literatur: Hans Joachim Iwand, Der moderne Mensch und das Dogma, in: ders.: Nachgelassene Werke 2, München 1966, S. 91–105 (Zit. S. 105). – Ernst Meister, Wandloser Raum. Gedichte, 1979, S. 64. – Christian Schwarz, Verheissenes Leben, Waltrop 1999.

Ich glaube die Auferstehung der Toten

Wenn irgendwo, dann ist an dieser Stelle das »ich glaube« angebracht, liebe Gemeinde. Und es schillert dann doch für uns in vielen Farben: Ich weiß nicht so genau – das mit der Auferstehung der Toten.

Vielleicht ist was dran, aber es gibt ja auch noch anderes, was man sich da vorstellen kann. Und wie soll man sich das vorstellen? Ich glaube – ich kann es nicht wissen, es ist ja noch niemand zurückgekommen.

Also: glaube ich nicht. Wenn ich sage: weiß ich nicht genau. Es könnte so oder so sein. Dann glaube ich nicht. Hier steht der Glaube auf dem Prüfstand. »Auferstehung«, sagt Eduard Thurneysen, einer der wahrhaftigen Theologen des vorigen Jahrhunderts, »Auferstehung – in diesem Wort liegt der ganze Christenglaube«.

Glaube also: darauf baue ich mein Leben. Glaube also: darauf kann ich getrost sterben. Glaube denn: Gott wird mich nicht im Tode lassen und nicht dem Tod überlassen und dem verwehenden und vergehenden Nichts. Was ja heißt: irgendwann nichts mehr von mir, überhaupt nichts mehr.

Gott wird die Toten in der Kraft des lebenschaffenden heiligen Schöpfergeistes auferwecken, damit sie auferstehen können.

Weshalb wird er das tun? Da gibt es nur eine Antwort: er wird das tun wegen Jesus Christus, dem Heiland, dem Sohn, der für uns starb. Der uns durch sein Sterben von Sünde und Tod erlöste. Und das kann ja nicht umsonst, sinn- und zwecklos geschehen sein an und durch ihn! Denn wir sind sein Eigen, gehören ihm. Und wer Jesus Christus gehört, den lässt er gewiss nicht im Tod. Mit dem will er zusammen leben in Ewigkeit. Davon werden wir am nächsten Sonntag dann hören: vom ewigen Leben. Aber vor dem ewigen Leben geschieht die Auferstehung.

Gepredigt am 1. Sonntag nach Trinitatis, 17. Juni 2001 in Schillingstadt, Schwabhausen und Windischbuch

Eines ist Auferstehung also auf keinen Fall: innerzeitliche Wiederbelebung eines toten Leibes. Lazarus, dann des Jairus Töchterlein, der Jüngling zu Nain, die Jesus wieder aus dem Tode holte, sind nicht auferstanden. Sie sind wiederbelebt, freilich in der und durch die Macht dessen, der von den Toten auferstand, so dem Tod als Warnungszeichen gesetzt: du wirst nicht siegen! Aber Auferstehung macht dem Tod endgültig das Recht und die Herrschaft über dich streitig! Was heißt streitig! Der Streit ist entschieden: du gehörst dem lebendigen Herrn Christus, für immer und ewig. Der Tod holt dich nicht mehr; auferstanden, wirst du gar nicht mehr wissen, was der Tod ist, dass es ihn gegeben hat und dass er dich oft so furchtbar geängstet hat! Nun wirst du dieselbe und derselbe sein, aber ohne Angst und Not und Todesdrohung. Und wirst doch ganz neu sein, unvorstellbar neu, unvorstellbar anders. Neu geschaffen derselbe – welch Geheimnis!

Ihr merkt, liebe Brüder und Schwestern, es ist noch reine Zukunft für uns und alle Toten aller Zeiten, reine Zukunft, die aber einen festen Anhalt hat: Da, als am Ostermorgen Jesus im Grabesgarten vor Jerusalems Toren aufersteht, als irdisch nur noch sein Leinentuch und seine Kopfbinde im Grabe bleibt – und darin fein eingewickelt unsre Sünde und Schuld, die er ja am geschundenen Leibe hingelitten und vergeben hatte, da ist es ein für allemal entschieden: Wir werden auch auferstehen, weil er auferstanden ist und werden so auferstehen und neu und heilig und rein sein, wie er es, der Auferstandene, ist. Denn wir werden ihn ja sehen. Das wird unser Leben sein, unser ewiges.

So gilt also der seltsame Satz noch: durch den Tod hindurch muss jeder und jede von uns. Aber nicht wahr, was ist das für ein Tödlein noch, der uns nicht halten kann! Der uns nicht vernichten kann! Was ist das für ein Verwesen und Vergehen und zu Asche und Staub werden noch, wenn das für den allmächtigen, großen, ewigen Gott kein Hindernis ist, uns neu zu schaffen durch seinen lebenschaffenden Schöpfergeist in der Auferstehung der Toten! Darauf hoffen wir Christen. Seht auch, wie nahe Hoffen und Glauben einander hier sind, fast ineinander gefallen: *»Ich will mich lieber zu Tode hoffen, als im Unglauben verloren gehen«*, bekannte und schrieb ein Theologe.

Das ist es nun, lieber Christ: Du musst wirklich bei dieser Angelegenheit »Ich« sagen. Endlich einmal darfst du kleiner Gernegroß und großer Egoist zu Recht »Ich« sagen: Ja, das glaube ich! *»Ich will mich lieber zu Tode hoffen, als durch Unglauben verloren gehen«.*

Was nützte es uns also jetzt, wenn wir uns all die Anschauungen, die es in der Menschheit und den Religionen vom Leben nach dem Tode gibt, vorführten? Das wäre ja dann nur ein großer Laden, in den du trittst mit großen Augen und kannst vor lauter Angeboten nicht wählen und bist total unzufrieden, weil du alles haben willst, was du angeboten bekommst. Aber du merkst gar nicht, dass das alles alte Ladenhüter sind und nur das eine gilt, was du da nicht aussuchen kannst: Jesu Auferstehung und deine Auferweckung! Alles andere, was du dir meinst vorstellen und vielleicht aussuchen und aneignen zu können, vergeht mit dir wie ein Rauch in scharfen Winden, wenn des Todes Lüftlein drein fährt – und er fährt auch in unsre Vorstellungen von dem, was nach ihm eventuell käme. Das wäre kein Glaube. Glaube besteht und wird verwandelt ins Schauen. Allein der Glaube bekommt recht: *»Ich will mich lieber zu Tode hoffen, als durch Unglauben verloren gehen!«*

»Ich, ja ich!« – um Jesu willen darfst du da »ich« sagen: An mir wird es auch geschehen, das Unvorstellbare: ich werde leben, rein, ganz, neu, ewig. Unvorstellbar wird Gott handeln, wie im ersten Schöpfungsaugenblick, als er mit einem Wort die Welt aus dem Nichts schuf und seinen Sohn aus dem Grabe auferweckte. Aus dem Nichts holte und das Nichts mit Sünde und Schuld und Tod im Grabe liegen ließ – einfach liegen ließ: der Tod wird lächerlich für den, der glaubt. Der hat gut lachen, der kann den Tod auslachen, ihm eine Nase drehen, rückwärtsgewandt, um dann vorwärts zu gehen. Um Jesu willen ist das entschieden, wer in deinem Leben und in dieser Welt und im ganzen Kosmos das letzte Wort hat, wer den Sieg hat, die Überhand behält: allein Gott! Wie soll das denn sein?

Natürlich sagt jeder Mensch, auch jeder Christ: völlig unvorstellbar, undenkbar, geht nicht! Unmöglich. Da sind die zu Asche Verbrannten. Da sind die längst und total verwesten, wieder zu Erde gewordenen Menschen. Da sind die Gebeinhäuser in den großen Kirchen und auf den Totengedenkstätten, Gebeine, ausgegraben wie beim Ausgraben um die Kirche in Schillingstadt herum: wer weiß denn noch, welcher Knochen zu wem gehörte? Alles vergangen. Alles vergangen, verstreut, durcheinander gewürfelt oder gar nicht mehr da – weltweite Totenfelder.

Und nun wird nicht einer, nicht eine verloren gehen! Nun wird jeder und jede er selber wieder sein in der Auferstehung der Toten! Und doch ganz anders. Derselbe Mensch, du, und doch unvorstellbar neu gemacht, von Gott neu gebildet – aber derselbe, fertig zum Gericht. Denn gerichtet wird noch und gerichtet wird werden von dem Herrn Jesus Christus, der kommen wird zu richten die Lebenden und die Toten. Und gerichtet werden kann ja nur der und jener und jene und diese Selbe.

Ihr habt es gehört, liebe Gemeinde, und ihr könnt es ja noch einmal ganz ruhig und besonnen zu Hause nachlesen – lest das ganze 15. Kapitel des 1. Korintherbriefes: ein Größeres gibt es nicht über den Glauben der Auferstehung. Aber ihr werdet merken: auch da werden nur Bilder gebraucht aus unsrer irdischen Vorstellungswelt, die mit uns dem Tode anheimfällt. Wenn wir uns ein Bild machen wollen, damit unser Glaube glücklich ist und nicht zugleich sehnsüchtig wieder zu träumen und auszumalen anfängt und damit unsrem Egoismus dient, dann sollten wir uns an dem orientieren, der auferstand, dem einzigen, an Jesus, auferstanden von den Toten. Er war und ist derselbe. Und nicht ein Wiedergänger oder als irgendeiner, der wieder geboren wurde. Seine Seele wanderte nicht – er steigt hinab ins Reich des Todes, die Toten vorzuwarnen: Ihr werdet leben, ich komme, am Ende aller Zeiten, euch herauszuholen, ich bin der Herr, habe die Schlüssel der Hölle und des Todes. Ich, Jesus, der die Liebe Gottes ist, unüberwindlich, unauslöschlich. Die Liebe, die alles überwindet und die allein am Ende noch die größte ist, weil sie meinen Namen trägt. Der Tod, der euch festhält, hat seine Macht verloren, lasst euch nicht blenden und täuschen von der Schwärze des Todes! Er ist besiegt. Es gibt keine Seelenwanderung und keine Wiedergeburt und kein Nirvana und kein irdisches Verlangen überhöhendes Paradies. In all diesen Vorstellungen ist der Mensch noch bei sich und seiner selbst noch Herr; er hat noch etwas zu bieten, zu bringen, zu überhöhen, zu erkämpfen. Aber die Auferstehung der Toten, die hat keine menschliche Möglichkeit mehr in sich. Du bist tot. Und Gott allein ist alles und tut alles allein an und mit dir. Und du bist allein darauf angewiesen, dass er am Jüngsten Tage auch deinen Namen ruft. Und dann wirst du sein wie der auferstandene Jesus: du lebst bei ihm, ja in ihm. Du darfst ihn schauen. Du wirst alles, was dich hier behindert, gedrückt, verletzt, zerstört hat, vergessen haben. Du bist nur noch der, den Gott wollte, als er dich im Mutterleibe bildete und als du geboren wurdest, immer schon: Gottes Liebling, um Jesu willen.

Auferstehung der Toten: ihr Lieben, wir werden es nie fassen, bis es geschehen sein wird: Du und dein Gott. Und nur noch – seine

Liebe. Dich einhüllend – das Totenkleid bleibt im Grabe liegen. Dich neu machend – das Alte ist vergangen, siehe, es ist alles neu geworden. Dich umfließend wie das schönste Kleid – Christi Blut und Gerechtigkeit ist dann mein Schmuck und Ehrenkleid. Du wirst vor Gott bestehen, eingehüllt in seine Liebe. Ja, er macht alles: ruft dich, umfängt dich, beschenkt dich. Nur noch Liebe. Dein Glaube wird am Ziel und dein Unglaube umsonst gewesen sein.

Wie schön, wie schön: Ja, ich glaube die Auferstehung der Toten *und jetzt, hier, will ich mich lieber zu Tode hoffen, als durch Unglauben verloren gehen.* Amen.

2. Mose 23,20

Siehe, ich sende einen Engel vor dir her, der dich behütet auf dem Wege und dich bringe an den Ort, den ich bestimmt habe.

Liebe Eltern Uhl, liebe Gemeinde, wir kennen es vielleicht noch, dies Abendlied, Kindergebet, stark und fromm ist es im einfachen Glauben, besingt den Schutz und freut sich der Hilfe des göttlichen Behüters und Begleiters:

Breit aus die Flügel beide, o Jesu, meine Freude,
und nimm dies Küchlein ein.
Will Satan mich verschlingen,
so lass die Englein singen:
»Dies Kind soll unverletzet sein!«

Ach, wie sollen wir das aber jetzt verstehen, da sie verletzt und getötet und verschlungen ist vom bittern Tod, euere Trudel? Ach, wie sollen wir das jetzt tief ins Herz hinein hören, dass es gilt, auch dann, wenn der Satan Krebs sie ausgezehrt und weggenommen hat?

Verstehen, nicht wahr, verstehen kann man da gar nichts. Nur hören, hören und horchen sollen wir, als ob es von ganz ferne nun riefe, schwach, und übertönt von Jammer und Not: »Siehe, ich sende meinen Engel vor dir her!«

Und da wollen wir in allem Leid und der Trauer und Bestürzung nun das auch sagen und dafür dankbar sein, dass das wahr geworden ist in ihrem Leben, dass Gott sie behütet und geführt hat, dass sie ihren Eltern und Freundinnen Freude und Hilfe und treue Gefährtin war. Und wollen es auch sagen, dass Gott ihr nun Engel sandte, die sie begleiteten auf ihrem Sterbensweg, denn, ihr wisst alle: Gottes Engel brauchen

---

Beerdigung von Gertrud Uhl, 46 Jahre, am 8. Oktober 1986 in Sexau

keine Flügel und tragen Menschenantlitz. Das wollen wir doch sagen und Gott dankbar sein für dies Menschenkind, das er den Ihren schenkte.

Aber – ach, ihr Lieben, immer wieder das große Aber!, das so sehr gegen alles steht, was uns dankbar, fröhlich und freudig sein lässt. Dieses elendigliche irdische, vom Sterben und vom Tod zu uns hereinbrechende Aber! Aber wir fragen ja auch: Der dich behütet auf dem Wege? O Jesu, meine Freude? Dies Kind soll unverletzet sein?

Wie verletzlich sind wir doch! Wie sehr sind wir doch vergängliches Geschöpf, wir allesamt. Und werden hier auf unserem Friedhof und an den Krankenbetten und mit den Kranken dran erinnert, wieder und wieder!

Und wie gehört zu unserer menschlichen Verletzbarkeit doch auch das Fragen und Seufzen! Und wie können wir uns drehen und wenden, und wie habt ihr Lieben das sicher getan und tut es immer wieder, Antwort suchend auf das: Warum, warum sie und warum so? Und so früh, und jetzt, den alten Eltern die Tochter vor den Augen weg sterbend? O gewiss, von Verdiensten zu reden, wird niemandem einfallen. Daher kommt keine Antwort, wenn es um Gott geht. Es scheint, wollte man anfangen aufzurechnen Gut gegen Böse, ganz ungerecht zuzugehen in dieser Welt, und Unglück und Krankheit und schweres Leiden scheint ungerecht verteilt. Aber wer von uns will da urteilen? Wer will da Gott spielen wollen? Nein, ihr Lieben, da hat unser Herr Jesus uns allen den Riegel vorgeschoben, vor unser Verrechnen und Aufrechnen, und wir wissen es: gerecht werden wir ohne unser Verdienst und nur aus Gnade. Und Leiden und Krankheit und Sterben sind, wenn wir es recht glauben, auch unter die Gnade zu rechnen. So seltsam! Warum? Nun versucht zu hören, als einzigen Trost, eigenartig, aber einzige Antwort gegen den Tod: Leiden, Sterben, Begrabenwerden: damit wir auferstehen!

Ach ja, ihr Lieben, wir Christen sollen uns von der Auferstehung her sehen. Und unser Leben von dorther lesen, damit unser Tod nicht trostlos und ewig währt. Sonst ist alles hoffnungslos und verloren. Sonst bekommt kein Leben und kein Leiden einen Sinn. Von der Auferstehung her unser Leben lesen und leben, darauf kommt es an. Und da hören wir:

Was ist denn das für ein Ort, den ER für Gertrud Uhl und für uns alle bestimmt hat? Wohin er uns führt? Ist das das Grab, dass der Engel ein Todesengel wäre? Nein, ist es nicht! Ist das das Zweifelsloch, dass wir nur trauern und immerzu fragen müssen und der Engel stumm bliebe? Nein, ist es auch nicht!

Ist es das Nichts, in das wir Menschen etwa versinken, in dem wir vernichtet, aufgelöst werden, als hätte es uns nie gegeben, hinein gesunken in jenes Nie-mehr-Wiedersehen, vor dem wir so oft uns fürchten, das alles so restlos einsam und sinnlos macht und vor dem auch der lebendige allmächtige Gott resignieren und kapitulieren müsste? Nein, nein ihr Lieben, auch das ist es nicht.

Der Ort, dahin unsere Wege geführt werden: der Ort ist Gott selber. Ist, so sage ich im Bild der Bibel: Gottes Arm und Schoß, da er uns umfangen, trösten, Tränen abwischen und heilen wird am Ende. Ist die Verwandlung aller irdischen Not und Krankheit und allen Seufzens und Weinens in Gottes Leben. Und da wird alles dann seinen rechten, wahren, guten, eben göttlichen Sinn bekommen! Dessen bin ich gewiss.

Ja, wer kann das glauben? Nichts sehen davon und doch daran festhalten? Dass nun die Tochter vor den Eltern hineingelegt wird ins Grab, und doch wissen im Herzen und sich dran festklammern: sie wird, um Jesu Christi willen, aus lauter Gnade, leben in Ewigkeit.

Die Alten haben es uns oft vorgesagt: die Toten sind uns voraus. Sind sie. Voraus, weil Jesus vorausgegangen ist, durch den Tod hindurch, auferweckt. Denn der Engel Gottes, wer ist das anderes als unser auferstandener Herr und Heiland Jesus Christus, der uns müden, geschlagenen Menschen das zusagt: Ich lebe und ihr sollt auch leben! Ihr, die ihr mir gehört, mir geglaubt, mir vertraut, in mich hinein geweint, geschluchzt, geseufzt habt, weil ihr von mir nicht lassen könnt, weil ich euch halte und ihr mir gehört. Und all euer Weinen und Schluchzen und Schreien doch da am Kreuz auch aus meinem Munde schrie, seufzte, röchelte – zu Gott, dem Vater, der treu und wahr ist.

Das, liebe Gemeinde, ist unsere, der Christen Hoffnungsbild. Eine andere Hoffnung gibt es nicht für die Menschen und auch nicht für unsere Verstorbene, nur die:

So weiß ich, was ich glaube,
ich weiß, was fest besteht
und in dem Erdenstaube
nicht mit als Staub verweht.

Ich weiß, was in dem Grauen des Todes ewig bleibt
Und selbst auf Erdenauen des Himmels Blumen treibt.

Ja, das wissen wir, lieber Ziegler Uhl, liebe Frau Uhl, liebe Gemeinde: das ist es doch, worauf wir hoffen, im Leben und im Sterben. Durch Leiden und Zerstörung und Sterben hindurch festhalten, festklammern, festglauben daran, dass Gott recht behält und sein Wort, das eurer Tochter mitgegeben wurde auf ihrem nach menschlichem Ermessen viel zu kurzen Lebensweg. Dies Wort hält und trüget nicht und reißt auch euch und uns hindurch, wenn einmal unsre Stunde kommt. Dass wir es dann nur wissen: Jesus, der auferstandene Herr, sagt es uns, der den Weg kennt, der ins Leben führt und uns gewiss leitet. So singen wir es, glaubend, bekennend, dass wir den Ort kennen, dahin uns der Engel des Herrn sicher geleitet, der uns bestimmt ist:

Ach, Herr, lass dein' lieb' Engelein
An meinem End' die Seele mein in Abrahams Schoß tragen.
Der Leib in seim Schlafkämmerlein
Gar sanft ohn einge Qual und Pein
Ruh bis zum jüngsten Tage.
Alsdann vom Tod erwecke mich,
dass meine Augen sehen dich in aller Freud o Gottes Sohn,
mein Heiland und mein Gnadenthron.
Herr Jesu Christ, erhöre mich, erhöre mich!
Ich will dich preisen ewiglich.

Amen.

Psalm 13,6

Ich aber traue darauf, dass du so gnädig bist.
Mein Herz freut sich, dass du so gerne hilfst.
Ich will dem Herrn singen, dass er so wohl an mir tut.

Davon ist nichts, aber auch nichts zurückzunehmen, liebe Gemeinde, nicht ein i-Tüpfelchen. Das stimmt, gottlob, es ist wahr: Er ist gnädig. Er hilft gerne. Er tut wohl an uns. Unser Gott. Und unser Herr Jesus Christus. Was wir vor einem Jahr in der Sexauer Kirche bei der Goldenen Hochzeit des Ehepaares Wolfsperger fröhlich bejahten und besangen, die Treue, Gnade, Hilfe, Durchhilfe Gottes durch ein langes, bewegtes Leben, das ist jetzt bei August Wolfspergers Tod nicht unwahr geworden, ist nicht ausgelöscht, ist nicht falsch! Wo kämen wir hin, wir Menschen, wenn Gottes Wort durch den Tod ausgelöscht, wenn seine Zusagen durch den Tod unwahr gemacht werden könnten? Dann wären wir doch die ärmsten, hintergangensten Kreaturen auf der Erde, wären genau das, was die sind, die dem Tod vertrauen, der der große Hintergeher und Betrüger des Lebens ist. O nein: dies Wort Gottes hat sich bewährt auch im Leben von August Wolfsperger, und es wird sich bewähren an ihm noch einmal, und es hat sich bewährt an unserem Leben, und es wird sich noch einmal bewähren an uns. Noch einmal – an ihm, an uns? Ja, dann, wenn uns die Gnade und die Treue Gottes hindurch reißt durch die Nacht und Einsamkeit des Todes. Ja, dann, wenn uns die Treue Gottes festhält, auch wo wir allem Augenschein nach unendlich tief, unrückholbar tief fallen ins Grab. Ja, es wird sich bewähren, wenn er wohl an uns tut und wir schauen dürfen, was wir geglaubt haben, in vielen Zweifeln, vielem Zagen, ohne große Worte festhalten durften im Glauben.

Beerdigung von August Wolfsperger, 82 Jahre, am 29. November 1986 in Sexau

Er war kein Mann großer Worte, der »Hirsche-Wirt«. Wir haben viele Worte miteinander gewechselt: von ihm, dem Bedächtigen, kam nie ein großes Wort aus vollem Mund, nein, als er damals sagte, nachdem seine Frau genesen war aus dem Krankenhaus: »das ist ein Wunder!«, da hat er alles hinein gefasst in diese Worte, was er sagen und glauben wollte: es ist ein Wunder! Und als er das bei der Goldenen Hochzeit wiederholte, da war darin ja großer Dank gegen Gott. Nicht wahr, liebe Gemeinde, viele von euch glauben und leben ihren Glauben ohne große Worte, aber doch stark und gewiss. Und nun wird Gott diesen Glauben nicht zuschanden werden lassen. Keinen Glauben, wie arm, zweifelnd, angefochten er auch sei, wird Gott zuschanden werden lassen.

Seht, wenn wir irdisch von Wundern reden, von unerhofften, erbeteten, erflehten, wunderbar helfenden Taten Gottes, dann sind das ja nur kleine Stücklein göttlicher Hilfe- und Rettungskunst! Sind das ja nur kleine Zeichen, an denen wir das Danken und das Loben lernen sollen – aber die führen hinein in das große, wunderbare Wunder am Ende der Tage und aller Zeiten. Wenn Gott uns rufen wird mit unserem Namen und wir auferstehen dürfen und leben und mit neuen Augen sehen und mit neuem Mund bekennen werden dürfen: Ja, er ist gnädig, er hilft gerne, er tut wohl an mir!

Seht, ihr Lieben, das Lied, das wir sangen vor einem Jahr: »Hilf ferner weit, mein treuster Hort, hilf mir zu allen Stunden, hilf mir an all und jedem Ort, hilf mir durch Jesu Wunden. Damit sag ich bis in den Tod: durch Christi Blut hilft mir mein Gott, er hilft, wie er geholfen!« – was wir da sangen und erbaten und bekannten bei der Goldenen Hochzeit, es ist bewährt, es ist auch an seinem Leben erprobt – an Gott glauben, ihm allein vertrauen, er lässt niemanden zuschanden werden.

Und da erfahren wir auch den Grund. Jesu Wunden – Jesu Blut. Jesus allein! Liebe Gemeinde, nur er ist es, durch den wir so reden, so loben, so hoffen dürfen. Denn er ist hindurch, an ihm hat Gott seine Treue bewährt, hat ihn herausgeholt und auferweckt aus dem Tod, und nun lebt er und kennt die Seinen und nennt auch uns einmal beim Namen, ruft uns, und es wird herrlich bestätigt, dass niemand und nichts es auslöschen kann, dies göttliche, liebevolle, gnädige: Du bist mein!

Ihr Lieben, August Wolfsperger wird uns fehlen. Auch meiner Frau und mir. Garten an Garten lebten wird, seit acht Jahren. Wie viele

Male standen wir zusammen, wie viele Male saß er an unsrem Gartentisch. Er ist mir fast zum Gleichnis geworden für das, was der Schöpfer tut mit seiner Kreatur. Wenn er morgens früh in den Garten ging, sonntags morgens, während ich aus dem Fenster sah, die Predigt lernte, da habe ich gedacht und es zu meiner Frau gesagt: »Jetzt ist der ›liebe Gott‹ wieder in seinem Garten.« So kümmerte und bückte und freute er sich, rupfte und zog, goss und harkte, sammelte und pflückte er an seinen Pflanzen und Blumen, an Gemüse und Kräutern. Wie Gott: aber der tut noch viel, viel mehr, und noch viel, viel sorgsamer tut Gott das – er freut sich an uns und hegt und pflegt und trägt uns durch in schweren und harten Zeiten. Trägt und hält uns und macht uns am Ende schön zu Blümlein und Pflänzlein in seinem himmlischen Reich. Ja, das tut er nun auch mit ihm, erfüllt seine Bitte, der göttliche Lebensgärtner: »Mach in mir deinem Geiste Raum, dass ich dir werd ein guter Baum, und lass mich Wurzel treiben. Verleihe, dass zu deinem Ruhm ich deines Gartens schöne Blum und Pflanze möge bleiben.«

Ach, dass wir das auch für uns erbäten und annähmen, Gott an uns so wirken ließen, solange wir noch leben! Wir würden ruhig. Wir ließen uns Gottes Güte dankbar gefallen und wären seiner Pflege in schwersten Zeiten gewiss. Wir ließen die großen, unleidlichen Worte. Wir ruhten in ihm, in Gott, und freuten uns, dass Jesu Leiden und Sterben uns hindurchträgt zu Gottes Herrlichkeit, zu unverwelkbarer neuer, ewiger Blüte.

Ihr müsst das nun so auch verstehen, liebe Gemeinde, am Samstag vor dem ersten Advent, da wir ihn beerdigen: Advent – Ankunft unseres Herrn Jesus Christus. Er kommt hinein in unser Leid und unsere Not, trägt unsere Krankheit und unsere Schmerzen und nimmt auf sich unsere Sünde und Schuld, ohne die niemand ist. Mit der aber auch niemand Gottes Reich schauen wird. Deshalb liegt sie auf ihm, damit wir schauen dürfen, welche Gnade! Das ist der Grund wahrhafter Freude. Denn seht, es ist ja nun alle Richtung umgekehrt. Nicht mehr ist der Tod letztes Ziel und letztes Ende. Sondern sein, des Herrn Jesu Wiederkommen in Herrlichkeit. Und er kommt, alles neu zu machen, hinweg zu schaffen, was uns beschwert, ängstet, tödlich bedrückt. Und holt uns in sein ewiges Leben. Das ist schön, nur noch schön. Darauf kannst du leben und sterben. Und deshalb, liebe Gemeinde, macht euch doch auch diesen Bibelvers zum Adventsvers, euch damit fein zu schmücken mit dem berückenden Duft aus Gottes

Lebensgarten, der schon zu uns herüber duftet, so süß aus Gottes Ewigkeit, unser Leben einhüllend:

Ich aber traue darauf, dass du so gnädig bist!
Mein Herz freut sich, dass du so gerne hilfst!
Ich will dem Herrn singen, dass er so wohl an mir tut!

Amen.

Psalm 17,15

Ich aber will schauen dein Antlitz in Gerechtigkeit.
Ich will satt werden, wenn ich erwache, an deinem Bild.

Liebe Brüder und Schwestern, liebe Freunde, nun wird Marie-Luise Richter nur noch sein Antlitz schauen. Und seine Gerechtigkeit, die nun mit der ihren zusammenklingt, wie sie schon auf Erden zusammengesprochen waren: Gottes Gerechtigkeit und meine Gerechtigkeit, die er um Christi willen gelten lässt. Nur noch sein Sonnenantlitz der Gerechtigkeit schaut sie jetzt, all die anderen Gesichter der finsteren Mächte, die Hass und Krieg und Vernichtung planten und brachten, gegen die sie kämpfte mit der Waffe des Wortes Gottes und in aufrechtem Mut, sind verschwunden. Nur noch der Herr Christus. Der ist es, den sie uns immer wieder vor Augen gestellt hat, manchmal ein wenig umstellt im harten Rahmen der dogmatischen Formeln. Aber nur deshalb beharrte sie im einer oft beängstigenden Gradlinigkeit und Hartnäckigkeit auf Begriffen und Worten, die sie gelernt, studiert, meditiert und in und mit sich herumgetragen hatte durch all ihre Lebenshöhen und Lebenstiefen, nur deshalb beharrte sie drauf, weil sie darin lebte, und sie fingen dann auch an zu strahlen und es waren ja keine toten Wörter, sondern Bekenntnisse und Lehrsätze, die nur eines wollen: uns das unergründlich gnädige und barmherzige Ereignis des Kommens, Lebens, Sterbens und Auferstehens Jesu Christi klar machen. Sie wollen uns aufklären, wer wir sind, woraus wir leben und wohin wir gehen. Wir sind, was wir sind, aus geschenkter Liebe; wir leben, was wir leben, aus großer, unbegreiflicher Güte, es ist nichts selbstverständlich um uns herum; und wir gehen, wenn wir gerufen werden, vor sein Angesicht. Danach hat sie sich gesehnt. Dahin sind ihre verehrten Lehrer und Väter und Freunde gegangen: Julius

---

Nachruf für Marie-Luise Richter (84 Jahre) am 21. März 1995 in Schwabach

Schniewind und Ernst Wolf, Julius Sammetreuther und Eduard Steinwand, aber auch Harry Richter, ihr Mann, und ihr Sohn, Martin Richter: IHM leben sie alle! Und nun auch sie. Ganz große Augen machte sie, die dunkel funkelten, wehmütig blickten, neugierig blitzten, wenn es um diese Geheimnisse des Glaubens ging in den Gesprächen und Diskussionen in unserem »Iwand-Kreis«. Sie war in Gottes Gerechtigkeit vernarrt. Solche theologischen Existenzen sind rar, sehr selten geworden. Ich weiß noch, wie du, Andreas, bevor wir sie kannten, ganz euphorisch von ihrem Mut uns erzähltest, den sie vor kirchlichen und weltlichen Thronen bewiesen hat bis ins hohe Alter hinein. Wer aus Gottes Gerechtigkeit lebt, lässt keine Ungerechtigkeit durchgehen. Wer auf Gottes und auf Jesu Christi leuchtendes Antlitz zugeht, der lässt nicht zu, dass menschliche Antlitze besudelt und getreten und verachtet werden. Solche Täter verachtete sie zutiefst, die in braunen Hemden und schwarzen Stiefeln aus den unseligen 1000 Jahren der Naziherrschaft zumal. Denn da hatte sie ihre Lehrer und durch sie den Herrn Christus lieben und allein ehren gelernt. Man sah das dann, die in unseren theologischen Arbeitskreis kamen wie immer schon gekannte Eltern, man sah das dann ihrer Unruhe an, während Harry Richter noch ganz ruhig da saß, wenn die Diskussionen heiß und leidenschaftlich wurden. Dann glomm in ihren Augen jenes unbändige Hugenottenfeuer, und es schwelte das Wissen, das dann für sie, für euch und durch sie auch für uns zu einer glühenden Erfahrung oft wurde: Gott hat schwere Wege oft vorgegeben zu ihm und vor sein Angesicht hin. »Ich bin durch dunkle Wochen gegangen ...«, schrieb sie und: »Das Sterben der beiden liebsten Menschen ist über meine Kraft gegangen.« Gottes Gerechtigkeit ist nicht einfach. Gottes Gerechtigkeit hat in sich unauslöschlich die Sterbemale Jesu, und in diese Gerechtigkeit hineinkommen, ganz tief, heißt wohl: hinein geholt werden in Höhlen und Kavernen und Zisternen des Leides, in denen auf dem Altar nur noch jener Kelch leuchtet und glänzt, den Jesus in Gethsemane für uns auszutrinken sich vornahm bis zur bitteren Neige.

Beterin auf Gottesgerechtigkeit zu war sie für uns, da lernte ich das neu bei ihr; jetzt müssen wir es wohl selber lernen und erfahren. Sie zitierte aus dem Kopfe viele Worte ihrer Lehrer, so das von Karl Hartenstein, der 1936 in Leipzig gepredigt hatte: »In seinen betenden Händen sind wir bewahrt!«

Ja, das ist nun, Ihr Lieben, das ist nun ihr Vermächtnis, die für euch und uns gebetet hat, wieder und wieder, dass Gott seine Gerechtigkeit aufgehen lasse über uns allen wie die Lebenssonne. Nun müssen wir selber drum ringen.

Dreimal war ich bisher in meinem Leben in Schwabach und auf dem Friedhof, dreimal ein offenes Grab, dreimal der Name Richter, dreimal – Todesgeschichten. Die im Leben enden! Das müssen wir wissen, glauben und bedenken, die in seinem, Christi Namen angefangenen Geschichten unseres Lebens enden, gerechtfertigt durch ihn, gnädig in seinem Leben. Der Sehnsucht des Glaubens folgt das Schauen – »wozu denn sollten wir sonst glauben, nicht wahr, wenn nicht das alles bestimmte«, die bestimmte, feste, erfüllte Hoffnung: Ich aber werde schauen dein Antlitz in Gerechtigkeit; ich will satt werden, wenn ich erwache an deinem Bilde! Ja, gelobt sei der dreieinige Gott. Amen.

Psalm 23,1 und Hebräer 4,15+16

Der Herr ist mein Hirte, mir wird nichts mangeln. (Psalm)

Denn wir haben einen Herrn, Jesus Christus, der mit leiden kann mit unserer Schwachheit, denn er ist versucht worden wie wir in allem, doch ohne Sünde. Darum lasst uns hinzutreten zu dem Thron der Gnade, damit wir Barmherzigkeit empfangen und Gnade finden zu der Zeit, da wir Hilfe nötig haben. (Hebräer)

Die haben wir jetzt nötig, ja, ihr Lieben, die haben wir jetzt wirklich bitter nötig: Hilfe! Jetzt, da sie auf unsere Hilfe völlig und endgültig verzichtet hat, vielleicht sogar auf Gottes Hilfe verzichten wollte, vielleicht aber auch eben sich nur noch hineintötete in die ungeahnte, erhoffte, erflehte Hilfe Gottes. Da ihr in diesem Leben nicht mehr zu helfen war?

Wer weiß das? Und wer sich nun den Mund wieder mal verreißen möchte, wer nun urteilen, was ja bei uns heißt: verurteilen möchte, richten mit eigenem Gericht, der möge zusehen, dass ihm seine Gedanken und Worte nicht im Halse stecken bleiben. Und dass sie ihm nicht einmal im Gericht Gottes vorgehalten werden! Mit welchem Maßstab du, Mensch, richtest, wirst du gerichtet werden! Schuld, Schuld haben wir alle. Immer, wenn ein Mensch sich, wie man sagt, das Leben nimmt, immer wenn einer unter uns verletzt ist und keinen Ausweg mehr sieht, dann sind wir schuldig, wir, die Christen. Und nur ein Wort sollte über unsre Lippen kommen und sich in unsren Herzen regen, nur ein Satz: Herr, erbarme dich unser!

Hilfe, Erbarmen ist notwendig. Nicht mehr für sie, für uns, liebe Gemeinde. Sie ist in Gottes Erbarmen hineingefallen. Das wollen wir nun doch ganz festhalten: es hätte überhaupt keinen Sinn, wenn wir

---

Beerdigung von Brigitte Weber, 34 Jahre, am 7. März 1992 in Schwabhausen

uns hier versammelten und das nicht glaubten, wenigstens ahnten und wollten: Gottes Wort ist immer größer als unsere letzten Worte; Gottes heilvolle, gnädige Gedanken sind immer heller, rettender, durchtragender als unsere verfinsterten, verbarrikadierten Gedanken, die uns in den Tod und in Schuld und Not treiben, ausweglos, wie es scheint.

Warum das, warum darf es nicht beim Rätsel stehen bleiben? Warum erschreckt uns dieses Sterben, treibt uns zur Buße? Seht, wir gehen jetzt in die Passionszeit hinein. In die Zeit auf den Karfreitag zu, da wir des Leidens und Sterbens unseres Heilandes Jesus Christus gedenken. Nicht nur gedenken, sondern hören: für euch! Für euch geschah das, für euch habe ich das an mir geschehen lassen, wollte ich so, am Kreuz, sterben, damit nun niemand, keine Menschenseele, so verloren, und sei es scheinbar im Angriff des Todes verloren sei, der mir nicht gehörte, den ich nicht mit meinem eigenen Bluten und Schreien und Sterben befreit hätte aus der erdrückenden Umklammerung von Tod und Teufel und Sünde und Schuld. Ihr gehört mir, alle, kraft meines Leidens und Kreuzestodes. Und ihr gehört mir immer, weil ich nicht im Tode blieb, sondern auferstand von den Toten und lebe in Ewigkeit. Und ihr sollt auch leben.

Ihr Lieben, ihr wisst ja gar nicht, ahnt vielleicht nicht einmal, wer der Gute Hirte ist, dem das Mädchen Brigitte bei seiner Taufe übereignet und bei seiner Konfirmation zugesprochen wurde. Natürlich hat ihr Pfarrer nicht wissen können, dass sie 34 Jahre nur lebt. Natürlich nicht, wie sie ihr Leben dann wegwirft, auf erdenklich rätselhafteste Weise, nur Rätsel und Fragen und Anklagen hinterlassend und die beiden Töchter und den Mann, die vor dem fürchterlichen Tod stehen. Aber das, das müsst ihr wissen: Dieser Gute Hirte, der Herr, das ist Jesus. Der kennt, was ein Mensch durchmachen muss, in welche Nöte, schwarze Gedanken, tiefste Löcher er mit seiner Seele fällt. Der kennt das, was es heißt, aus Süchten und Gefangenheiten und Krankheit nicht mehr herauskommen zu können. Der litt das für uns durch, all diese tiefsten Todesdrohungen. Nur: das ist unsere Rettung, nur: ohne Sünde. Im letzten Einwilligen nicht in die Todessucht, sondern in Gott: »Nicht mein, sondern dein Wille geschehe!«

Und dieser Wille, ihr Lieben, ist Gottes Wille über eure Mutter: »Ich bin der Gute Hirte. Niemand wird sie aus meiner Hand reißen.« Und wenn die Stimme des Guten Hirten verdunkelt, übertönt ist durch die Stimme unsres Herzens, unsrer Angst, unsrer Not, sie gilt, sie ruft: »Niemand wird sie aus meiner Hand reißen.«

Und ihr, liebe Gemeinde, wenn ihr etwas anderes sagt an diesem Sarg und nach diesem Grab, etwas anderes redet als dieser Stimme nachredet, dann gehört ihr nicht zum Guten Hirten! Hier entscheidet es sich, angesichts eines solchen uns aufwühlenden und erschreckenden und das Bild des Guten Hirten fast völlig verdunkelnden Todes, angesichts von Schuld, die wir alle haben, alle, sei es der Gleichgültigkeit, der Versäumnisse, der kalten Unbarmherzigkeit und üblen Nachrede, was auch immer; ob wir zum Guten Hirten gehören, wird sich daran zeigen, ob wir, die wir noch leben, leben dürfen aus lauter göttlicher Güte und Bewahrung, ob wir dies sagen, dies festhalten, dies für uns nehmen, und jetzt endlich einmal in unserem Dorf und in unsren Nachbarschaften und unsrem Lebenskreis damit ernst machen: Der Gute Hirte, Jesus, lässt sein Leben für die Schafe und »ich kenne sie und sie folgen mir« und »ich gebe ihnen das ewige Leben«.

Ihr auch. Auch Brigitte Weber gibt er das ewige Leben. Gott sei Dank. Niemand ist ohne ihn. Nur: wir sollen es leben! Heute. Danach. Sollen ihm gehören, ihm nachfolgen. Und wenn unsere Stunde kommt, da sich unsere Sinne verfinstern, da es in uns so dunkel wird, dass wir kein Licht mehr sehen, soll es ja auch über uns gelten, nicht wahr, ohne unser Zutun, ohne Stimmung und Gefühl, soll es gelten, was uns zugerufen wird, hell, klar, von ihm selber: Es soll nicht dunkel bleiben über dir, der du in Angst bist, denn Jesus ist dein Herr, der dich lieb hat, aus lauter Gnade, der dich kennt, aus lauter Liebe, der dich am Ende bei meinem Namen nennt: Du bist mein! Amen.

Psalm 34,9

Schmecket und sehet, wie freundlich der Herr ist.
Wohl dem, der auf ihn traut.

Liebe Gemeinde! Kennen wir, kennen wir alle, diesen Vers aus dem 34. Psalm, nicht wahr! Haben wir, wie Wilhelm Englert auch, schon so oft an entscheidender Stelle im Gottesdienst gehört. Da wird er laut, da wird er gesagt vom Pfarrer, wo alles für dich bereit ist: wo du kommen darfst, herzlich und dringlich eingeladen, Leib und Blut Christi, deines Herrn und Heilandes, im Glauben als Unterpfand deiner zeitlichen Vergebung und ewigen Seligkeit zu empfangen. Bevor ihr da, beim Abendmahl, eure sicheren Bänke verlasst und zum Altar kommt, bevor ihr aufsteht und heraus tretet und frei und ungehindert herzu tretet, in offen gehaltene Hand das Lebensbrot und mit durstigen Lippen den Lebenstrank zu empfangen, da hört ihr es als die eingeladene Gemeinde Jesu – und er hörte es so oft mit uns und ging mit uns:

Schmecket und sehet, wie freundlich der Herr ist, wohl dem, der auf ihn traut!

Das ist wunderschön, dass ein Konfirmand fortan dies Lebenswort und Einladungswort so oft hört, wie er zum Abendmahl geht und es handgreiflich erfährt: dieses Wort geht mein Leben an, darin ist mir Gutes von Gott angesagt, ich bin ein Gott willkommener, an seiner Fülle teilnehmender Mensch! Und dann erfährt, ahnt er es irgendwann einmal auch: und auch mein Sterben geht dies Wort an. Dies Wort von der Freundlichkeit und Barmherzigkeit und Anfassbarkeit deines Gottes gilt ewiglich und mündet in ein ungeahnt wunderbares Essen und Trinken mit ihm in seiner Herrlichkeit.

Ich denke, Wilhelm Englert hat vor allem den letzten Satz geliebt: »Wohl dem, der auf ihn traut!« Denn das traf in seine Seelen- und

---

Beerdigung von Wilhelm Englert, 82 Jahre, am 28. Juni 2000 in Schillingstadt

Lebensanschauung hinein. Er war ein Mann, dem man trauen konnte. Er wusste dann auch wohl, dass das noch viel, viel mehr bedeutet: »Wohl dem, der auf ihn traut!« »Wer Gott vertraut, hat wohl gebaut im Himmel und auf Erden«, heißt es, und: »... dass wir ihm fest vertrauen, uns gründen ganz auf ihn, von Herzen auf ihn bauen ...«

Liebe Brüder und Schwestern – und damit sind wir bei unserem Lebenshaus. In unseren Häusern. Bei seinem Beruf und beim Beruf Gottes.

Der Tod macht uns aushäusig. Der Tod lässt uns gerade noch einen allerkleinsten Raum, den Sarg. Und manchmal nicht mal den – er hat es im Krieg wieder und wieder erleben müssen. Lässt uns eine Grube, die, äußerlich gesehen, keine Baugrube ist, in der die Fundamente eines festen Hauses aufgeschüttet werden, sondern eine Staub-, Erde- und Asche-Grube. Mehr gönnt uns der Tod nicht – er ist der größte Egoist, er will alles für sich, er paktiert mit dem »Alles oder Nichts«. Nichts für uns – Alles dem Tod. Und nun kommt ja alles darauf an, nicht wahr, dass der Tod total und völlig unrecht hat. Dass das Grab, die Grube, die er uns graben lässt von solchen, die auch einmal eine solche Grube bekommen, dass das nun wirklich eine Baugrube ist. Wie das, wie ist das möglich? Ist das möglich? O ja, liebe Gemeinde: jedes Grab derer, die als Christen gestorben sind, ist Baugrube Gottes. Da wird gewartet auf den lieben Jüngsten Tag, und dann macht Gott das Grab auf und schafft dich neu, baut dich neu, damit du die himmlische Wohnung, in die nur neue Menschen, Menschen, die in der Taufe Jesus Christus übereignet wurden, hineinkommen können. Der Tod täuscht sich gewaltig, er will nicht wahrhaben, dass er durch Jesus Christus, als Gott seinen Sohn von den Toten auferweckte, in die Herrlichkeit ewigen Lebens einsetzte, den Tod entmächtigt hat, ein für allemal. Christen glauben das, auch wenn sie die Totengrube vor Augen haben: sie glauben, dass ist die Baugrube meines Lebens bei Gott in Ewigkeit.

Und so, nicht wahr, kommt ja alles darauf an, alles aber auch: wer die Wahrheit gesagt hat und sagt: Gott oder der Tod. »Wer mir vertraut, hat wohl gebaut im Himmel und auf Erden.« Das muss nun bewahrheitet werden, auch an Wilhelm Englert. Er hat auf Gott vertraut. Das weiß ich, ein Mensch. Das merkte man ihm auch an. Das ging aus von diesem kleinen Mann, der mit schnellen, kurzen Schritten durchs Dorf ging, immer einem Ziel zueilend, der verlässlich war in seinen Versprechen und verlässlich in seiner Freundschaft. Und der gerne in den Gottesdienst ging, und der kam und die Hand hinhielt auf Einladung des lebendigen Heilandes Jesus Christus: »Kommt, denn es ist alles bereit, schmecket und sehet ... «

Er hatte ja etwas zu tun mit dauerhaften Dingen. Mit schützenden, tragenden Baustücken, Schirm und Schutz für die sonst unbehausten Menschenkinder im Dorf. Die Dachstühle, die er zimmerte, stehen heute noch und werden ihn auf Erden noch lange überdauern.

Kommt man in sein Wohnzimmer, sieht man ein Bild von der Dachaufrichte des Hauses König, worin heute Wiesners wohnen, das habe ich oft vor Augen, wenn ich an ihn denke. Da steht er auf einem festen, schweren Tragebalken, der Meister, dessen Werk man sehr wohl loben kann. Und er steht dort mit Wilhelm Kaibel, der schon lange nicht mehr lebt, der ihm oft half bei seiner Arbeit. Damit der Dachstuhl fertig wird. Und er seinen Spruch sagen kann, den Zimmermanns-Spruch beim Richtfest. Friedhelm Dötter hat mir eine Reihe solche Sprüche zugesandt auf meine Bitte hin. Und da, als ich die durchlas, merkte ich, wie nah der Zimmermann bei der Vergänglichkeit steht. Wie nah der, der für Generationen baut, am Vergehen selbst des festesten Baus ist – ihr erinnert euch an die Lesung aus dem Neuen Testament, die ich sehr wohl bewusst ausgesucht habe:

Denn wir wissen,
wenn unser irdisches Haus, diese Hütte
(das meint unseren sterblichen Leib), abgebrochen wird,
so haben wir einen Bau, von Gott erbaut.
Ein Haus, nicht mit Händen gemacht, das ewig ist im Himmel.
(2. Korinther 5,1)

Wir wissen, wohin der kommt, der Gott vertraut. Im Richtspruch auf dem Bau wird das so gesagt:

»... *Ich weiß, ihr Brüder, liebe Herrn,*
Es ist so Sitte, und ihr habt es gern,
Dass wir nach Sitte und Art der Alten
Auch nach der Arbeit noch Reden halten.
Wohlan, ich rede zu Gottes Ehren
Und hoffe, ihr werdet es gerne hören:
...

Doch sage, wohin willst du dich wenden,
Wenn du wirst dein zeitlich Leben enden,
Wenn das irdische Haus deiner Seele zerbricht?
Daran denken leider die meisten nicht.
...
Und wer wird der armen Seele geben
Ein wohnliches Haus für das ewige Leben?«

Seht, ihr Lieben, und so ist es doch ganz deutlich, und für jeden, der es hören will und glauben möchte, liegt es vor Augen, was ein Leben ausmacht. Das rief er aus beim Richtfest.

Und so spricht Gott, der Herr, durch den Apostel:

»So haben wir einen Bau, von Gott erbaut, ein Haus, nicht mit Händen gemacht, das im Himmel ist.« Und er gibt, wie wir irdisch von dem Vergehen auch des festesten Bauwerkes wissen, auch des stolzesten Lebens, auch derer, die meinen, sie lebten ewig und drei Tage, und gibt uns den dringlichen, klaren Hinweis für die Einladung in dies Haus, das ewig ist. Da wird es zuvor auch einen Richtspruch geben. Der aber ist entscheidend und der bemisst ein Leben dann so:

»Wir müssen alle offenbar werden vor dem Richterstuhl Christi, damit jeder seinen Lohn empfange für das, was er getan hat bei Lebzeiten, sei es gut oder böse« (2. Korinther 5,10). Und darüber, was gut oder böse ist, entscheidet kein Mensch, sondern Christus, der für uns gestorbene und auferstandene Herr des Lebens selber. Und er entscheidet doch wohl danach, einzig, allein: ob du ihm geglaubt hast, ob du danach gelebt hast, ob du dem Tod und seinen Helfern zur Hand gegangen bist in deinem Leben oder ob du gebaut hast auf festen Grund, ob du also diesem Gott und Herrn im Gottesdienst, in diesem mit Menschenhänden gebauten Haus, genannt Kirche, gehört hast; ob du ihm, hier, wo er gegenwärtig ist in seinem Evangelium und seinen Sakramenten, hier im Gottesdienst gerne die Hand hingehalten hast, damit er dich nur noch beschenkt. Oder ob du ihn, in dessen Namen du getauft wurdest, dessen Namen du wieder und wieder in deinem Leben gehört hast als den Namen, in dem aller Welt und also auch deines Lebens Heil beschlossen liegt, ob du ihn hingehalten hast mit dem Gedanken: ist wohl alles nicht so schlimm. Nein, schlimm ist es nicht. Es ist schlimmer: dein Leben endet dann im Abbruch. Das Grab, die Todesgrube wird zur Vernichtungsstätte deines Lebens. Und kein ewiges Haus, das du dann beziehen kannst als neuer Mensch, steht für dich offen. In diesem Lebenshaus, Kirche, entscheidet sich, wenigstens in unseren Dörfern immer noch, ob das ewige Haus dir aufgetan wird, ob du den Ruf, die Einladung deines Herrn Jesus Christus vernommen hast: »In meines Vaters Haus sind viele Wohnungen – und ich gehe hin, euch die Wohnung zu bereiten!«

Wilhelm Englert war Zimmermann. Er baute den Häusern die Dächer. Er baute fest. Auf Dauer. Und baute gerne. Er war, so sagen die Leute, ein guter Zimmermann, verlässlich und treu. Baute Häuser, Scheunen, Ställe. Und wusste: dies irdische Haus wird einmal vergehen. Ich selber auch. Ich werde auch vergehen. Und er verging. Geist und Leib verlöschten langsam, und er kämpfte zum Tode hin. Und hat vertraut. Fest gebaut. Auf seinen Herrn. Und wird es nun erfahren, wie alle, die diesem Herrn vertrauen, wie freundlich der Herr ist! Wie er ihm die Türe öffnet ins Licht, in die Wohnung, da nur noch Gott mit den Seinen wohnt – kein Geschrei, kein Schmerz, kein Dahindämmern, kein Abschied mehr. Barmherzigkeit in Ewigkeit.

Ihr wisst, liebe Gemeinde, dass oft an den Häusern Sprüche angebracht werden. Die sagen meist sehr viel aus über die, die drin wohnen. Jedes Leben ist mit solchen Sprüchen versehen, an denen man sehen, hören kann, wer hier wohnt: Tod oder Leben.

Ein alter Mann, der starb, hatte in seinem Tagebuch vorne drin einen Spruch aufgeschrieben, den schon sein Vater erwählt hatte zum Wahrspruch: »Mein bist du – spricht der Tod und will groß Meister sein. Umsonst – mir hat mein Herr versprochen: ›Du bist mein!‹« Daran haltet euch, im Leben und im Sterben: Schreib's über deine Lebenstür. Und wenn du zum letzten Male hinausgehst oder hinaus getragen wirst, wird es ewig wahr: du wirst schmecken und sehen, wie freundlich dein Herr ist. Ja, wohl dem, der auf ihn vertraut! So sei es, rufe ich, und damit Amen!

Psalm 37,4–7a

Habe deine Lust am Herrn,
der wird dir geben, was dein Herz wünscht.
Befiehl dem Herrn deine Wege
und hoffe auf ihn, er wird's wohl machen
und wird deine Gerechtigkeit heraufführen wie das Licht
und dein Recht wie den Mittag.
Sei stille dem Herrn und harre auf ihn.

Diese Wege, liebe Gemeinde, diese Wege, die sie ging in ihrem langen Leben, die Wege, die sie geführt wurde von ihrem Herrn und Heiland Jesus Christus – zuletzt waren es nur noch Atemwege, war es ein langsames, aber stetiges Hinausgehen aus ihrem Lebenshaus, aus ihrer großen, schönen Freundschaft mit ihrer Nichte, aus ihren Wegen in die Gottesdienste und Bibelabende. Nur noch Abschiedswege. Ihr Sterben ist auf gewisse Weise ein Gleichnis geworden und ein Zeichen auch für uns, dass man sagen könnte: so möchte ich auch einmal sterben; wirklich, wer so stirbt, der stirbt wohl. Mit den Worten des Guten Hirten in den Ohren und im Sinn und im Herzen. Wegeworte, die er selber spricht und die sie nun nicht mehr aus unsrem, sondern aus dem Munde des Auferstandenen hören wird: »Ich habe dich bei deinem Namen gerufen, mein bist du!«

Ihr wisst alle und habt es so oder so leidvoll erfahren, dass Lebenswege ganz anders enden können in den Augen von uns Menschen. Ja, unsere Wege, die kurzen oder die langen, die abgebrochenen oder die bis zum letzten Atemzug, der einem bemessen worden ist, Wege, von denen wir aber wissen müssen: sie enden bei ihm, dem Herrn! Bei dem gekreuzigten und auferstandenen Herrn Jesus.

Beerdigung von Hermine Menold, 86 Jahre, am 20. Oktober 1992 in Schwabhausen

Es gibt ein wundervolles Bild – auch wenn es künstlerisch vielleicht nicht wertvoll ist; aber was sagt das, wenn es tröstet die, die es anschauen: da wird die Steinigung des ersten Märtyrers, Stephanus, dargestellt. Und von dem heißt es in der Apostelgeschichte: »Er sah auf zum Himmel und sah die Herrlichkeit Gottes und Jesus stehend zur Rechten Gottes.« Und der Maler nun hat das so dargestellt: während unten dieses nach menschlichem Ermessen fürchterliche Ende des Stephanus gemalt ist, ist oben zu sehen: nicht nur, wie Jesus da steht zur Rechten Gottes, sich das, wie die Götter der Heiden, unbeweglich ansieht, als gehe ihn das nichts an, was da Menschen erleben, erleiden, welche Wege sie gehen und geführt, manchmal geschleift werden, sondern: der Jesus ist dargestellt, als sei er aufgesprungen, bewegt, die Arme ausgestreckt, den Stephanus zu halten, festzuhalten und an sich zu ziehen in die rettende Ewigkeit.

Ach, ihr Lieben, der letzte Schritt, denke ich mir, den wir Christen tun, der letzte Sterbeschritt, ist keiner in den Tod hinein, sondern ist ein Gezogenwerden von dem Herrn Jesus Christus, der aufgesprungen ist, dich zu ziehen zu sich, der niemanden lässt, der uns umfangen wird. Ewiges Leben, das ist doch umfangen, umarmt, gehalten werden vom Auferstandenen.

Nicht wahr, wer das weiß, nein, wer das glaubt, denn man kann das ja nur glauben, man kann darauf bauen, dem Herrn vertrauen, also: wer das tut, der geht auch seine irdischen Wege gewiss.

Sie ging immer ziemlich schnell, die Tante Hermine. Zum ersten Male sah ich sie, wie sie aus der Dämmerung neben Dörzbachers Haus auftauchte und zu Menolds wollte. Sie war nicht zu bewegen, dass ich sie mitnähme im Auto. Sie ginge ihre Wege. Und die ging sie immer schon. Dabei machte sie ihr berückendes Mäulchen, das sie machen konnte; das machte sie gar noch auf dem Krankenbett. Das war gleichsam ihr Lächeln. Das zeigte: ich bin begleitet, ich bin nicht allein, auch wenn ich scheinbar alleine lebe; aber ich bin nie allein. Und meine Lieben sind um mich und für mich da. Christen sind füreinander da, nicht wahr, und wir wissen, wie wichtig es ist, einander Wegweiser nicht nur, sondern Mitgehende zu sein – »Einer trage des andern Last« – was man nur kann, wenn man mitgeht.

So wird das Leben, wie die Bibel sagt, ein erfülltes, und das Sterben, wie die Bibel sagt, ein seliges! Ein langsames, seliges Hingenommenwerden, Hingezogenwerden war dies Sterben. Aber ihr müsst es ganz genau und fest wissen, Ihr Lieben, das selige Sterben von Menschen sieht man nicht an ihrem Ende. Nicht der Gesichtsausdruck, nicht die letzten Worte, nicht ein ruhiges Dahingehen sind es, die das zeigen, o nein, dann wären wir ja alle fürchterliche Beobachter und könnten von menschlichem Verhalten aufs Ende schließen. Und wer dann schwer kämpfend stirbt, wie so viele, und wer dann gequält oder verbrennend sterben muss? O nein, das selige Sterben, das ist dies: bei der Hand sich genommen wissen, auch in größten Qualen und vielleicht dahindämmernden Gedanken, auch im Abgrund des Leides oder des Geist abwendenden Morphiums, sich bei der Hand genommen und gehalten wissen vom Guten Hirten: »Und ob ich schon wanderte im finstern Tal, fürchte ich kein Unglück, denn du bist bei mir!« Im Leben auch schon, auf den Wegen, die man zu gehen hat, schwere und leichte, steile und gerade, harte und weiche, schnelle und langsam schlürfende – nur darauf kommt es an: Du bist geführt. Und du gehst nach Hause. Dahin, wo der erhöhte Christus uns die Wohnung bereitet hat, die wir nie, nie mehr verlassen müssen – die Wohnung bei ihm. Was ja wirklich nur heißen kann: die unendliche, barmherzige, unwiderrufliche, unverdiente Gnade der offenen Vaterarme, in die wir laufen oder fallen, stürzen oder gezogen werden. Selig ist das Sterben allein darum, weil nichts uns scheiden kann von Gottes Liebe, weil du Christi Eigentum bist, weil du ihm gehörst im Leben und im Sterben, weil in ihm deine Lebenswege enden, wie sie durch seine Güte anfingen.

Uns steht der schwerste Weg ja noch bevor. Selig, wer sich darauf vorbereiten lässt und mitsingen und mitglauben kann: »An dir wir kleben im Tod und Leben, nichts kann uns scheiden! Halleluja.« Amen.

Psalm 103

Lobe den Herrn, meine Seele,
und was in mir ist, seinen heiligen Namen!
Lobe den Herrn, meine Seele,
und vergiss nicht, was er dir Gutes getan hat:
der dir alle deine Sünden vergibt
und heilet alle deine Gebrechen,
der dein Leben vom Verderben erlöst,
der dich krönet mit Gnade und Barmherzigkeit,
der deinen Mund fröhlich macht,
und du wieder jung wirst wie ein Adler.
Der Herr schafft Gerechtigkeit und Recht
allen, die Unrecht leiden.
Er hat seine Wege Mose wissen lassen,
die Kinder Israel sein Tun.
Barmherzig und gnädig ist der Herr,
geduldig und von großer Güte.
Er wird nicht für immer hadern
noch ewig zornig bleiben.
Er handelt nicht mit uns nach unsern Sünden
und vergilt uns nicht nach unsrer Missetat.
Denn so hoch der Himmel über der Erde ist,
lässt er seine Gnade walten über denen, die ihn fürchten.
So fern der Morgen ist vom Abend,
lässt er unsre Übertretungen von uns sein.
Wie sich ein Vater über Kinder erbarmt,
so erbarmt sich der Herr über die, die ihn fürchten.
Denn er weiß, was für ein Gebilde wir sind;
er gedenkt daran, dass wir Staub sind.
Ein Mensch ist in seinem Leben wie Gras,

Beerdigung von Luise Bergmann, 90 Jahre, am 18. August 1995 in Sexau i. B.

er blüht wie eine Blume auf dem Felde;
wenn der Wind darüber geht, so ist sie nimmer da,
und ihre Stätte kennet sie nicht mehr.
Die Gnade aber des Herrn währt von Ewigkeit zu Ewigkeit
über denen, die ihn fürchten,
und seine Gerechtigkeit auf Kindeskind
bei denen, die seinen Bund halten und gedenken an seine Gebote,
dass sie danach tun.
Der Herr hat seinen Thron im Himmel errichtet,
und sein Reich herrscht über alles.
Lobet den Herrn, ihr seine Engel, ihr starken Helden, die ihr seinen Befehl ausrichtet,
dass man höre auf die Stimme seines Wortes!
Lobet den Herrn, alle seine Heerscharen,
seine Diener, die ihr seinen Willen tut!
Lobet den Herrn, alle seine Werke, an allen Orten seiner Herrschaft!
Lobe den Herrn, meine Seele!

Am Anfang und am Ende, liebe Bergmanns Kinder und Kindeskinder, liebe Brüder und Schwestern: am Anfang und am Ende: *Lobe den Herrn, meine Seele!* Welch ein Leben, das so umfasst sein darf!

Und mitten drin, dreimal, damit es festgeschrieben wird in unseren Herzen und Seelen, damit Gott der Vater und Gott der Sohn, unser Herr Jesus Christus, und Gott der Heilige Geist, damit der dreieinige Gott in seiner Gerechtigkeit und Heiligkeit und Barmherzigkeit von uns vergehenden und elenden und vergänglichen Menschen geehrt wird: *Die ihn fürchten*!

Und dann wird der tiefe Grund angegeben, der unser Leben schafft, der jedes Leben, das ihr lebt, jeden und jede von euch, liebe Freunde in Christus, erhält, trägt, birgt, vom Anfang bis zum Ende und vom Ende in den Anfang des ewigen Lebens hinein: *barmherzig und gnädig ist der Herr, geduldig und von großer Güte!*

Wenn wir zusammensaßen im Gebetskreis, als ich noch Pfarrer bei euch war, dann schloss sie die Augen und dann sagte sie diese Verse. Und wenn Luise Bergmann diese Verse sagte, mit geschlossenen Augen, weil sie wusste und glaubte: auch wenn meine Augen und mein Mund geschlossen sein werden, gilt das immer noch, was ich jetzt sage und bete und aus den Jahrtausenden des Bekennens und

Betens der Gotteszeuginnen und -zeugen nachspreche: – wenn sie das sagte, dann zitterte etwas durch den Raum, dann wurde man berührt vom Flügel eines der Engel, die da im Psalm aufgerufen werden zu seinem Lob. Dann wusste man: in all dem geht es nicht darum, ob das eine Frau glaubt und sagt, was sie glaubt – und andere glauben es nicht und sagen es nicht –, sondern: dann ahnte man und wusste man: ja, das ist wahr; ja, das *ist* das Geheimnis unseres Lebens; ja, das umfängt uns am Morgen und am Abend und am Mittag auch und tief in der Nacht, in der wir stecken können – und ihr, liebe Sexauer, dürft nicht meinen, ich wüsste nicht mehr um euch, seit ich nicht mehr euer Pfarrer bin. Oh, ich weiß sehr wohl darum, wieviele von euch in tiefsten Nöten und Seelennächten stecken und staken! Ja, dieser Gott ist der Grund, warum wir auf dieser Erde sind und wozu wir da sind und wodurch wir da sind, denn: *barmherzig und gnädig ist der Herr!* Und dann, ich höre das immer noch: ergriff tiefes Ergreifen ihre Stimme, wenn sie weiterbetete: *geduldig und von großer Güte!*

Ihr Lieben, daran wollen wir uns nun neu halten. Das soll ihr Vermächtnis an uns sein, die wir sie heute zu Grabe tragen, die wir sie geliebt haben und lieben und die wir lange oder kürzere Zeit mit ihr und von ihren Gebeten auch gelebt haben. Wir haben einen Gott und Herrn, der hoch zu loben ist. Dem alles Lob gebührt, das wir irgend aussagen können. Seht doch, wie dieser Psalm wirklich alles umfasst, was wir sind und sein könnten und sein werden und gewesen sind:

Da ist der glückliche Mensch. Der, dessen Mund lacht und der allen Grund hat, fröhlich und glücklich zu sein. Und der lebt nicht in den Tag hinein und der vergisst nicht den Geber des Glücks und der Freude, sondern der sagt, was zu sagen ihm gebührt, ihm, dem königlich beschenkten Menschenkind: *Lobe den Herrn, meine Seele!*

Denn du weißt ja zutiefst, woher das kommt und wie leicht es dir genommen werden kann und wie alles darauf ankommt, dass du weißt und dran hängst: *Er macht deinen Mund fröhlich* und *er macht dich jung wie einen Adler!* Auch im Alter jung! Wie unser Luisschen! Da war sie mit Dir, Frank, bei uns in Schillingstadt. Und kam in den Gottesdienst. Und ich schon im Talar. Und wenn der Pfarrer im Talar ist, dann wagt niemand mehr so richtig an ihn heranzukommen – auf unsern Dörfern wenigstens. Und Luisschen: die sah mich und flog, jung wie ein Adler, auf mich zu, und küsste mich, links, rechts, wie sie's gewohnt war mit mir. Jung sein im Alter. In der Freude des Glaubens und der Glaubensgemeinschaft. Ach, ich fürchte, sie war mit neunzig Jahren noch so jung, wie viele Junge, die an Herz und Seele und durch Begierde und Lebensfrust schon alt geworden, gar nicht mehr sein können.

Jung sein, das heißt: den Grund kennen, der mich gründet, der mich schwingen und singen macht und mich lachen macht, auch in tiefer Not und Unbeweglichkeit von Alter und Krankheit: *Der Grund, da ich mich gründe, ist Christus und sein Blut ... An mir und meinem Leben ist nichts auf dieser Erd, was Christus mir gegeben, das ist der Liebe wert.*

Ach, wenn man nur so glauben dürfte, wie unsre Mutter das tat! Deshalb war sie ja für mich, als ich hierher kam als Pfarrer, und alle Jahre bis jetzt, auch Mutter im Glauben. Die das nicht nur sagte, sondern lebte: *Was Christus mir gegeben, das ist der Liebe wert*!

Hört, ihr alle: es ist wahr. Ich bezeuge es euch auch: *das* ist der Dreh- und Angelpunkt, der einzige wahre Richtpunkt eures Lebens: Ihr lebt allein aus dem, was Christus euch gegeben hat! Was ihr seid, seid ihr von ihm her. Alles andere ist wirklich und wird wirklich vor unseren Augen – und mit unseren Augen – zu Staub und Asche und Erde. Alles andere ist wirklich vorläufig, Staub, vergehende Blume – und blühe sie noch so schön und jung, noch so erfolgreich und sicher behütet: die Welt und wir in ihr sind, was wir sind und haben: alles durch Christus. Heißt es doch nicht umsonst: *Wär er nicht erstanden, so wär die Welt vergangen.* Ja, das wäre sie, vergangen. Gott hätte sie sich selber überlassen, wenn sein Sohn nicht auferstanden wäre. Und weil er auferstanden ist, ist alles, was uns nicht mit ihm und zu ihm und durch ihn verbindet, Staub und Erde. Deshalb wollen wir nachher auch am Grabe singen mit dem Posaunenchor: *Christ ist erstanden von der Marter alle, des solln wir alle froh sein, Christ will unser Trost sein!* Denn wenn wir Christen in die Grube gelegt werden, müssen die Christen, die außen vor stehen, singen von dem Oben und dem Trost und dem Herrn, der unser Leben ist und aus jeglicher Grube letztendlich befreien und erlösen wird – und es gibt ja wahrlich irdische Gruben genug, in denen wir stecken können: Luise Bergmann hat davon gewusst und hat von der Kraft und Macht gewusst, die Himmel in die dunklen Höhlen holt: um das Gebet. Wie hat sie für uns gebetet, viele wissen nichts davon, aber vielleicht steht oder sitzt ihr nur noch da, weil sie und andere für euch beten, die ihr das Beten verlernt oder verleugnet habt ...

Denn sie wusste, wie wir Christen alle es wissen: mit ihm, dem auferweckten Sohn Jesus Christus, hat Gott uns alles geschenkt, alles.

Das ist der Grund der wahren Freude: *Mein Herze geht in Sprüngen und kann nicht traurig sein … – Truurig* sagte sie oft, wenn sie an all das Elend in der Welt dachte und in unserm Dorf und in den Häusern, das sie selber erlebte und das sie sah und wovon ihr von euch erzählt wurde: dann faltete sie wohl die Hände und sagte manches Mal: *Truurig, lieber Heiland, s'isch arg truurig, siehs doch aah!*, und dann brach es wieder durch bei ihr: *Die Sonne, die mir lachet, ist mein Herr Jesus Christ, das, was mich singen machet, ist, was im Himmel ist.* Oh, Ihr Lieben, sie war wahrlich keine Hans-Guck-in-die-Luft-Christin, oh nein: sie war angefochten und litt mit: aus der barmherzigen Liebe Jesu, in der sie lebte und war und sang und ging, litt sie mit an all dem Elend: betete und war da für ihre Kinder und Kindeskinder, für ihre Nachbarinnen und für die Gemeinde Jesu Christi hier und auch – Gott sei Dank – in Schillingstadt und Schwabhausen, wo wir sind.

All das brachte sie nicht von ihrem Heiland weg. Von ihrer Sonne, ihrem Lebenslicht im Strahlenglanz des Auferstandenen. Dies Strahlenlicht der Ewigkeit hatte sie wirklich einmal gesehen – sie hat nur nichts draus gemacht, weil sie nichts aus sich und für sich machte – dies Licht hat sie wirklich einmal geschaut, so erzählte sie – und jetzt, da sie das Licht selber sieht, die Quelle des Lichtes, den Sohn Gottes, aus Licht geboren, sieht, jetzt kann ich es sagen: da über der Lörch sah sie es einmal, war visionär, sehend, schauend: das hat sie ganz sorgsam behütet und bewahrt in einem reinen Herzen. Ach: lebendig ist der Herr, geduldig und von großer Güte!

Unser Herr: gnädig ist er: er schenkt uns alles um seiner Liebe willen. Gütig ist er: er vergibt uns unsere Schuld, und sei sie noch so finster und schwer, lässt niemanden in der Finsternis irgendeiner verborgenen Schuld und Not. Barmherzig ist er: er leidet mit und reißt heraus und kümmert sich und krümmt sich und lässt sich krümmen: hineingetragen ins Grab. Er, der heilige Gottessohn. Vom Kreuz abgenommen, schweren Tod gestorben: damit wir leben. Und sie auch. Nur aus Gnade. Aus keinem Verdienst. Das wusste sie. Bei ihr habe ich die Rechtfertigungslehre Luthers gelernt, ich, der fertige Pfarrer …

Ja, liebe Brüder und Schwestern, umfasst ist alles, von Anfang bis Ende, von dieser Gerechtmachung Gottes: dass wir Kleinen und Kranken und Gekrümmten und Müden und Beladenen uns nicht an den Starken und Harten und Aufrechten und Großen messen, sondern allein leben aus seiner Stärke und Gerechtmachung. Allein aus ihm. Das ist die Sonne der Welt, die die Welt durch ihre tausend Plagen und

Klagen hindurch trägt und geleitet zum gerechten Ende. Das ist seine toderprobte Liebe. In die hinein sie nun gestorben ist. Die sie rufen wird am Jüngsten Tag. Da ist dann nichts vorzuweisen, da kannst du dich auf nichts berufen: auf kein Haus und kein Konto und keine guten Taten und kein Frommsein, auf nichts noch so Klitzekleines, was du getan, getrieben, betrieben, gemacht, gebaut, auferbaut hättest. Nein, nur auf ihn, den Herrn Jesus, auf sein Blut, das Schmuck und Ehrenkleid sein wird, sonst nichts.

Dies ist die Lebenssonne. Etwas Größeres kann es und wird es nicht geben: glaubt mir. Und glaubt ihr. Denn ihr glaubt ja nur auf Zeugnis hin, das Menschen vor euch ablegen in aller Gebrochenheit. Aber es ist wahr. Im Himmel und auf Erden lebt alles von ihm und in ihm und durch ihn, also auch ihr!

Damit wollen wir uns trösten. So steht Lob auch am Ende ihrer irdischen Tage und am Anfang ihrer nicht mehr zu zählenden und zu berechnenden Zeit bei Gott in der Ewigkeit: Lob am Anfang und am Ende und am Anfang des ewigen Anfangs: *Lobe den Herrn, meine Seele, und was in mir ist, seinen heiligen Namen*, in Ewigkeit, Amen.

Psalm 126

Wenn der Herr die Gefangenen Zions erlösen wird,
so werden wir sein wie die Träumenden.
Dann wird unser Mund voll Lachens
und unsre Zunge voll Rühmens sein.
Dann wird man sagen unter den Heiden:
Der Herr hat Großes an ihnen getan!
Der Herr hat Großes an uns getan;
des sind wir fröhlich.
Herr, bringe zurück unsre Gefangenen,
wie du die Bäche wiederbringst im Südland.
Die mit Tränen säen,
werden mit Freuden ernten.
Sie gehen hin und weinen
und streuen ihren Samen
und kommen mit Freuden
und bringen ihre Garben.

Ihr Lieben! Das wird ja auch gar nicht anders sein können, in dieser Sache, am Ende, nicht anders sein können! Wir werden sein wie die Träumenden. Wenn das geschehen sein wird, was wir so sehr erhoffen: Auferstehung, ewiges Leben.

Wenn das geschehen sein wird, was niemand sich ausmalen kann, was aber doch jeder Mensch sehnsüchtig erhofft, erwartet, wovon er sich Bilder macht und was er in großer Sehnsucht und schwerem Trauern sich auszumalen versucht: Die im Tode Gefangenen, unsere Toten – und dann einmal du und ich auch –, die mit Erde bedeckten oder zu Asche verbrannten und die zur Unkenntlichkeit verstümmelten

---

Predigt gehalten am Letzten Sonntag im Kirchenjahr (Totensonntag), 26. November 2000 und die namenlos gemordeten und gefolterten und verscharrten Menschenkinder – ach, alle, alle werden erlöst. Aus den Banden des Todes herausgeholt.

Ihr Lieben, nicht wahr, es ist ein so riesiges, unausschöpfbares Tränenmeer in der Welt. Ja, wahrhaftig, sie säen mit Tränen! So viele Menschen. Und jede Träne, die geweint wird und geweint worden ist über verlorene Liebe, über einen Menschen, den man nicht entbehren kann, der viel zu früh starb, den man so notwendig gehabt hätte im Leben, mit ihm durchs Leben zu wandern durch Not und Freude; jede Träne, die geweint worden ist in der Einsamkeit des Zurückgelassenwerdens, jede Träne, die des Nachts über deine Wangen gerollt ist, die du schamhaft verbirgst, weil niemand dein Leid sehen kann und weil er es nicht teilen will und kann (wer von uns kann, ja will! denn schon das Leid eines Menschen teilen?); jede Träne, die in diesem unendlichen Leid- und Tränenmeer sich gesammelt hat, ist gezählt! Ist gezählt, nicht vergessen, ist aufgehoben – das allein ist schon ein wahrer Traum: »Er zählt den Lauf der heißen Tränen und fasst zuhauf all unser Sehnen!«, dichtet Paul Gerhardt und sagt dann auch für dich und lässt dich singen: »Er hört die Seufzer deiner Seelen / und des Herzens stilles Klagen,/ und was du keinem kannst erzählen,/ magst du Gott gar kühnlich sagen!« Und er, der gnädige und barmherzige Gott der Lebenden und der Toten, er wird hören, dich in deinem Schmerz vernehmen und erhören: »Zähle die Tage meiner Flucht, sammle meine Tränen in deinen Krug, ohne Zweifel, du zählst sie!« (Psalm 56,9). Das ist Gott. Unser Gott, der ewigreich gnädige. Von dessen Retten und Heilen erzählt der Psalm nicht nur, sondern die ganze Bibel. Weil Gott so oft unerwartet und überraschend und so ganz anders als erwartet gehandelt, geholfen, geheilt, Wunder getan hat ins Leben hinein, weil Gott ein Gott des Lebens und ein erbitterter, nein, nicht erbitterter – denn aus Erbitterung geschehen ja immer die falschen, tödlichen Taten –, weil unser Gott ein fröhlicher, weil siegesgewisser Gegner des bitteren Todes ist und ihm keine Beute lassen wird, deshalb singt Israel in diesem und so vielen anderen Psalmen und Liedern: »Wir haben einen Gott, der da hilft, und einen Herrn, der vom Tode errettet.«

Der Leid in Freude, Klage in Lob, Schmerz in Heilung, Trauer in Glück, Weinen in Lachen verwandelt. Ein Gott, dem solches Verwandeln eine Lust und ein Kinderspiel ist, ein Üben für die allergrößte und allerletzte Verwandlung, die er schaffen wird: die Auferstehung der Toten!

Ja, unser Gott und Heiland. Und dann, liebe Schwestern und Brüder, ist es geschehen, was diesen Psalm voraus erfüllt: Jesus lebt. Und wer sagt, glaubt und bekennt: Jesus lebt!, der muss nun und darf nun und soll nun auch glauben und sagen und singen: »Mit Ihm auch ich!« Das ist das Geheimnis des Traums vom Leben der Toten, vom ewigen Leben: »Jesus lebt, mit ihm auch ich!«

Ach seht doch das vor euch, die ihr eigentlich nur die Toten, den Sarg, die Erde, das Grab seht: seht es vor euch, die Erfüllung des Traums der Menschheit: Jesus lebt! Und wie er, der lebendige Heiland, uns erwecken wird. Und man kann da ja nur an den Schlaf denken und an einen Alptraum, der das Kind im Schlaf schreien und rufen und in fürchterlicher Angst hilflos weinen lässt. Und dann geht die Tür auf und Licht fällt herein, durchkeilt die nächtliche Finsternis und starke Arme umfassen dich liebevoll und eine Hand streicht dir über die Wange und du hörst die dir bekannte, beruhigende, rettende, dich tröstende Stimme des Vaters oder der Mutter: Ich bin da, hab' keine Angst, es ist ja alles gut.

»Dann werden wir sein wie die Träumenden und unser Mund wird voll Lachens sein« – der Mund der Gotteskinder. Ihr Kinder Gottes, so wird es sein – oder noch schöner – ich weiß es nicht, es ist ja ein Traum, ein Bild, ein Unausdenkbares in unseren Todes- und Leidtälern und an Trauerabhängen und in Schmerzschluchten. Das Schluchzen und Weinen wird gestillt: »Gott wird abwischen alle Tränen« – Jesus wird es sein, denke ich, er hat dies mütterliche Abwischamt und Tränentrockenamt übernommen, es gehört zum hohenpriesterlichen Amt des vom Kreuz erhöhten Jesus, denn er weiß, was Tränen sind, er hat sie vergossen, seine blutigen Tränen im Garten Gethsemane, ihr wisst es, die sind auch im Tränenmeer der Menschen. Deshalb er, nur er, der auferweckte Herr, der lebt und uns in unsren Ängsten und Todesfurchtsamkeiten vor Gott selber vertritt und der regiert und alles zum traumhaften Ende hin führt.

Als ich jetzt krank war in den vergangenen Wochen, habe ich viel gelesen. Auch Erzählungen, in denen der Tod vorkommt – weil man ja in jeder Krankheit Bekanntschaft mit dem Tode macht. Da las ich die Erzählung von Leo Tolstoi: Der Tod des Iwan Iljitsch. Müsstet ihr lesen, einmal, mehrmals. Eine bessere Geschichte vom Krankwerden zum Tode und vom Sterben eines Menschen kenne ich nicht. Da tut er seine letzten Züge. Da stehen die Seinen um ihn. Und er bekommt noch mit, was sie sagen. Wie man so redet, wenn man schweigen oder beten sollte. Er aber, Iwan, der nur geweint, geschrien hat, ununterbrochen, fast drei Tage lang, der gehadert, gefragt und gezürnt hat mit Gott, er hat am Ende Frieden gefunden! Das sieht keiner der Umstehenden. Ach, was wissen wir, was unsere Sterbenden sehen, denken, erfahren im letzten Augenblick! Vielleicht schon den Traum vom Leben; vielleicht das leuchtende, lichthelle Antlitz dessen, der sie je und je geliebt hat und nun zu sich zieht aus lauter Gnade; vielleicht Gottes Licht und Angesicht, das man schauen darf, wenn man »erwacht«, um dran satt zu werden.

Den Schluss dieser Erzählung und den seligen Beschluss dieses Lebens lese ich euch vor zum Schluss der Predigt:

»Und der Tod? Wo ist der Tod? Und er suchte seine frühere Todesangst und fand sie nicht. Wo ist sie? Wo ist der Tod? Die Angst war nicht mehr da, weil auch der Tod nicht mehr da war. Anstelle des Todes war ein Licht da. Das ist es also, sagte er, welche Freude! Für ihn vollzog sich alles in einem Augenblick ... Für die, welche an seinem Bett standen, dauerte der Todeskampf zwei Stunden. In seiner Brust brodelte es, sein ausgezehrter Körper bebte. Dann wurde das Brodeln und Röcheln immer seltener. Es ist zu Ende, sagte jemand über ihm. Er hörte diese Worte und wiederholte sie in seiner Seele. Der Tod ist zu Ende, sagte er sich, er ist nicht mehr. Er schöpfte Luft, blieb mitten im Atemzug stecken, streckte sich aus und starb.«

Der Tod ist zu Ende, er ist nicht mehr: Ihr Lieben, so ist es! Jesus ist da, der Tod ist weg ins Leben. Durch ihn. Nur durch ihn. Halte dich an ihn: »Jesus lebt, mit ihm auch ich.« Amen.

Psalm 126,1+2+5+6

1Wenn der Herr die Gefangenen Zions erlösen wird,
so werden wir sein wie die Träumenden.
2Dann wird unser Mund voll Lachens
Und unsere Zunge voll Rühmens sein.
5Die mit Tränen säen,
werden mit Freuden ernten.
6Sie gehen hin und weinen
Und streuen ihren Samen
Und kommen mit Freuden
Und bringen ihre Garben.

Ihr Lieben, habt ihr es gehört: »So werden wir sein wie die Träumenden!« Wie die, die nicht glauben können, dass alle Trübsal und Not, alle Angst und alles Zittern ein Ende hat. »Unser Mund voll Lachens« – der vorher voll von Weinen und Klagen war; »unsere Zunge voll Rühmens« – die vorher gejammert und gestottert und gefragt hat in Angst und Not. Wann, ihr Lieben, wann wird das sein, »wenn der Herr die Gefangenen Zions erlöst«?

Das haltet fest, es ist kein Trost, aber ihr müsst es wissen: Wer sich selber das Leben nimmt und sich den Tod gibt, dessen Tun ist ein einziger Schrei nach Erlösung. So sagte mir ein Freund: wer so sterben will, der hat tiefer gelitten als wir, der hat tiefer gesehen und höher geschluchzt als wir alle. Dem ist die Welt so schwer und dunkel geworden, dass er selbst das Dunkel des Todes dem fahlen Licht seines Lebens noch vorzieht. O, welch unerhörtes Rätsel. Der ist uns stummen, gleichgültigen, hartherzigen und harthörigen Menschen voraus. Sein Tun ist ein Schrei nach Erlösung. Wird dieser Schrei denn gehört? Ach, deshalb las ich uns allen den Leidenspsalm unseres Herrn

---

Beerdigung von Martha Roser, 59 Jahre, am 17. Juli 1984 in Sexau

Jesus Christus vor. Damit wir in ihm auch eure Mutter aus dem Munde Jesu schreien hören und ahnen zumindest, dass mit seinem, des Erlösers Schrei nun auch der ihre zu Gott gelangt ist. Und wie er von dem Vater gehört wurde. Der Todesschrei. Der Schrei unsres Herrn, der zum Erlösungsruf für uns wurde, auch für die in Not und Schuld: »Mein Gott, mein Gott, warum hast du mich verlassen?«

Ich bete zu Gott, dass niemand von uns sich untersteht, hier zu richten. Weder die Lebenden noch die Tote. Richten wird er, der diesen Schrei am Kreuz über die geplagte und gemarterte Kreatur hinweg schrie zu Gott, seinem Vater. Dieser Jesus wird kommen mit seiner ungeheuerlichen Barmherzigkeit, zu richten die Lebenden und die Toten. Wir aber, liebe Gemeinde, wir allesamt haben zu beten und zu rufen und zu glauben, sonst gar nichts.

Eure Mutter träumt jetzt den Traum der Erlösten. Den Traum derer, die ruhen und schlafen, ihrem ewigen, ihnen verheißenen Leben entgegen. Aus diesem Schlaf wird nur einer sie, und völlig ohne Schrecken, erwecken: Jesus. Sie träumt den Traum derer, die Frieden haben. Die sich nicht mehr fürchten. So sehr hat sie sich vor dem Leben gefürchtet, dass sie nicht einmal den Tod fürchtete, der uns doch Angst einjagt. Und ich denke, man kann den Tod nur dann nicht fürchten, wenn man hinein will in den Frieden, der nie mehr aufhört, nie mehr zu stören und zu unterbrechen ist durch Gewalt und Boshaftigkeit und Gemeinheit von Menschen.

Seht, wie sich hier alles umkehrt zum Guten: gefangen – und frei; weinen – und lachen; zweifeln – und rühmen; Tränen und – Freude. Das ist seine, Gottes Umkehrung für uns, uns zugute, seine wahre Wirklichkeit. Wieso darf ein Mensch sich danach nicht sehnen? Wieso darf er uns nicht sagen wollen mit seinem stummen, schweigenden letzten Schritt: dahin habe ich gewollt, ich habe es hier nicht bekommen. Auch nicht in der christlichen Gemeinde. Schuld, o unsre Schuld. Ich konnte nicht mehr warten auf die Erlösung; jetzt, dachte ich, ist mir der Tod Erlösung, die ich auf Erden nicht fand.

Glaubt ihr, liebe Gemeinde, Gott ließe sie jetzt da in der Finsternis des Todes ? Wandelte nicht ihr Geschick und holte sie heraus aus Not und Qual? Wie die Träumenden – die nach schrecklichem Traum erwachen. Und eben nicht in der Hölle, vor der sie ja geflohen war, erwachen, sondern im Himmel, bei Gott, der abwischen wird alle Tränen. Auch die heimlich geweinten – und dann auch eure Tränen der Verzweiflung und großen Seelennot über den Tod, diesen Tod eurer Mutter.

Wir, ihr Lieben, wir bleiben zurück. Mit unsren Fragen, unsren! Unsrer Einsamkeit, unsren Selbstanklagen, Selbstrechtfertigungen. Wir bleiben zurück und wissen doch: wir alle werden Rechenschaft ablegen müssen und gefragt werden vom Lebendigen Gott. Was tatest Du mit dem Menschen, den ich dir anvertraute in der Ehe? Hast du seinem Leben genützt, es gefördert oder es missbraucht und verbraucht? O Schuld, o Schuld. Da wird das Lachen werden teu'r, singt ein Lied, denn wir werden gefragt werden nach den Tränen, die ein Mensch wegen uns und über uns vergießen musste, gefragt werden von dem Gott, der, bevor er die Tränen trocknet, sie zählt, damit nicht eine fehle bei seinem Nachfragen im Gericht.

Und wer hilft, wer rettet, wer heilt Wunden, die unheilbar tief scheinen, wer verbindet geschlagene Gemüter, wer vergibt schier abgrundtiefe Schuld, wer? Ich weiß nur einen Namen, den einzigen, der eurer Mutter jetzt Frieden, Ruhe, Heil gnädig gewährt. Der jetzt ihre Tränen trocknet wie die Tränen des armen Lazarus getrocknet wurden. Jesus Christus.

Sie ist in seinem Frieden. Und ihr sollt jetzt schon in seinen Frieden kommen und anfangen, den Traum vom Heil zu leben. Damit niemand sich fürchtet vor euch und ihr euch nicht fürchtet, sondern Frieden habt: »In der Welt habt ihr Angst, aber seid getrost, ich habe die Welt überwunden.«

Sie ist in der Freude, damit ihr aus langer Nacht auch Freude lernt, an ihm, dem Herrn Jesus, der rief und ruft, damit man sich in seine Arme wirft und niemand sich verlassen vorkommt in der großen weiten Welt und in der allerkleinsten des eigenen Hauses: »Kommet her zu mir alle, die ihr mühselig und beladen seid, ich will euch erquicken.«

So ist das. Liebe Gemeinde, die ihr beten könnt, betet; die ihr klagen könnt, klagt; die ihr glaubt, glaubt ganz fest. Eine Mutter hat geweint. Sie ging hin. Wir tragen sie ins Grab. Aber wisst: ihr Angesicht wird voll Lachens sein, voller Freude, und der Tod hat keine Macht mehr über sie, und der Schatten des Todes greift nicht mehr in ihr neues Leben hinein, sondern Jesus ist nun ihr Licht und ist ihr Heil, Jesus, der herausgerissen wurde aus dem Grab, damit er uns alle rette und rette und rette und unsre Gefangenschaft wende zu ewigem Leben. In ihm ruht sie, die vor Unruhe starb.

Es ist eine Ruhe vorhanden für das arme, müde Herz,
sagt es laut in allen Landen, hier ist gestillet der Schmerz.
Es ist eine Ruhe gefunden für alle fern und nah
in des Gotteslammes Wunden am Kreuz auf Golgatha. Amen.

Jesaja 8,23a

Es soll nicht dunkel bleiben über denen, die in Angst sind.

Liebe Gemeinde, liebe Familie Rassi, ein wenig davon hat er, euer Vater, unser Bruder, ja erfahren, von der Wahrheit dieses Wortes unseres Gottes: Es soll nicht dunkel bleiben. Wo er sich schon drein gefunden hatte, mehr oder weniger. Damals, zwei Jahre vor seinem Tode: sehen konnte er wieder, das Dunkel war gewichen, sehen konnte er wieder, Frau und Tochter und Enkeltochter, Haus und Garten und all die Menschen, die er gehört, deren Schatten er nur immer hatte wahrnehmen können. Sehen, Licht, das aus dem Dunkel holt – ein Gleichnis für sein Erblinden und Wieder-sehen-Können ist das für uns geworden. Und nun ganz hoch und ganz gewiss: auch die Finsternis des Todes, die ihn nun umgibt, die immer wieder in seinem und eurem gemeinsamen Leben tiefe, schwarze Schatten warf, auch sie wird vergehen, sie wird nicht bleiben, er wird das Licht Gottes schauen dürfen. Ihr Lieben, wenn Gott Menschenkunst benutzt, uns unser irdisches Augenlicht durch eine große medizinische Wundertat wieder geben zu lassen, um wie viel mehr wird er Wege und Mittel längst gefunden haben, uns dem Dunkel des Todes zu entreißen! Ja, es wird nicht dunkel bleiben über denen, die in Angst sind, in Bedrängnis und Not des Herzens und des Glaubens.

Es ist ganz eigenartig, wenn man hineinliest und hineinlauscht in die Bibel, dann springt einen das plötzlich an: ja, ja, unser Gott ist ein Gott des Lichtes und des Lebens, und all die Schatten, die ihn verdunkeln, all die Dunkelheiten, die seine Liebe verschatten für uns, all die Finsternisse, die über unserm Leben und unsren Herzen zu liegen kommen wie schwere, schier unverrückbare Decken und Lasten, das wird aufgehoben, es wird hell, wird schöpfungsmäßig hell werden mit

---

Beerdigung von Martin Rassi, 85 Jahre, am 22. Juli 1992 in Schillingstadt

unserm Leben. Der Satz vom Anfang greift um die Welt und unser Leben herum und ist auch der am Ende. Der sprach: »Es werde Licht«, der das Licht in die Welt und ins Leben hinein ruft, jeden Morgen neu, der lässt sein Licht aufgehen über euch: »Über denen, die da wohnen im finstern Lande, scheint es hell!« Es gibt keinen Ort, keinen Raum, keine Zeit mehr, da er, der lichtende Gott nicht Licht in unsere Dunkelheiten brächte: »Bei dir ist die Quelle des Lebens, und in deinem Lichte sehen wir das Licht!« – Das Licht, das einzige, das nicht mehr auslöscht, das Licht, das Ostern entfacht wurde im Grab des Heilandes, das Lebenslicht der ganzen Welt.

O ja, es kann sehr finster werden über Menschenleben. Wir sagen das so schnell, aber was die durchmachen an zweifelnder Dunkelheit und in finsteren Gedankenkellern und in herzbeengenden Fragenächten – wer kann das erdenken, erfassen?

Da lese ich in einem Buch eines berühmten Schweizer Schauspielers. Unheilbare Krankheit holt ihn ein, der Ausgang ist klar: die finstere Todesnacht wartet. Und dann verliert er auch seine Stimme und sein Sprechen. Er schreibt auf, wohin er dann geführt wird. Ein Gebetgedicht, wir hören es für uns, für euren Vater auch, es könnte von ihm sein:

Ich falte
die Hände,
die lahmen,
im Geist
und bete
ins Dunkel,
dass es
zerreißt.

Es wird nicht dunkel bleiben. Der Glaube hat es schon ergriffen, ihr Lieben. Unseres Heilandes und Herrn Jesu Wort ist wahr und trüget nicht, ist hell aufleuchtendes Lebenswort: »Selig sind, die da Leid tragen, sie sollen getröstet werden.«

Dunkel auch eures Fragens zerreißt einmal. Nicht mit dem Wort: das Leben muss weitergehen, es ist nichts zu ändern … Nein, nein, man darf nicht einwilligen in das Leid und in die schweren Rätsel und Nöte, sondern man muss es sagen, protestieren, laut rufen: Herr, erbarme dich unser und all derer, die nicht ein noch aus wissen in den Dunkelheiten und Gefangenheiten ihres Lebens!

Dieser Mann, Ernst Ginsburg, sagt es vor – und wieder könnte es euer Vater gewesen sein, auch ein Leidensgenosse, der dann so spricht in seinen Leidenstagen und bitteren Fragestunden:

Ich habe viel und bitterlich geweint
in leerer Krankenzimmernacht gefangen,
schwach wie ein Kind
das nach der Mutter greint
von Angst gewürgt,
gejagt von schwarzem Bangen
dem nicht das kleinste Erdenlicht
mehr scheint –
So nackt und zitternd,
sollt ich heimgelangen.

Heimgelangen? Ihr Lieben, wohin? Ins Licht! In sein Licht! Hindurch durch Angst und Lebensgier und Lebensenge, hindurch zu ihm, der sagt: Ich lebe und ihr sollt auch leben!

Das ist die Auferstehung der Toten. Jetzt schon, im Glauben, gehen wir zu auf diesen Jesus, der die Quelle des Lebens für uns ist, der uns mit seinem Wort tröstet, euch, »schwach wie ein Kind, das nach der Mutter greint«: »Ja, ich will euch trösten, wie einen seine Mutter tröstet, sagt Gott.« Ich komme, mache Licht, es ist ja alles gut, weine nicht – so tun es doch Mütter, nicht wahr! Ihr habt es doch auch erfahren, ihr Lieben. Es ist jedesmal, wenn man den Glauben halten und im Leiden wachsen durfte, dass man gestärkt wird am inneren Menschen, dass die Seele getröstet und umhüllt wird mit hellen Liebesfäden. Wenn das geschieht, bricht jedesmal ein Stück ewigen Lebens hinein in unsre Welt. Das macht er an uns wahr, was nun ganz und gar an eurem Vater geschieht, nach seinem, nach menschlichem Ermessen, langen Leben; was aber eben auch an seinem Sohn Roland und seiner Enkeltochter Sabine geschieht: die Fragmente, das ganz und gar scheinbar ins Dunkle unwiederbringlich abgebrochene Leben – es wird aufgehoben, wie ein Kind, das gefallen ist, aufgehoben wird. Bei unseren Toten ganz: sie sind aufgehoben, ein wunderbares Bild sagt dann: in Gottes Schoß und Arm. Lassen wir sie da! Jesu Liebe wird an ihnen und uns alles vollenden, was wir zerbrochen und zerbrechend aus der Hand geben müssen.

Gewiss, gewiss: wir Christen *haben* das nicht. Wir glauben es, erleiden es, erkämpfen es; aber da gibt er sein Wort, unverbrüchlich und treu, das wie ein Lichtstrahl hineinbricht ins Finstere und einem alle Finsternisse auflösen wird wie einen Nebel, und die Fragen und Rätsel werden verschwimmen wie der Dunst im Sonnenglanz. Nicht wir tun das, ihr Lieben, kein Pfarrer und kein Philosoph, aber er, er tut es, wenn man sich seinem Wort überlässt, ihn wirken lässt. Ihr werdet es erleben, wie er es an uns jetzt wieder und wieder wahr machen wird, wie eine Mutter, die nicht müde wird zu trösten: Es soll nicht dunkel bleiben über denen, die in Angst sind.

Das ist das, was nur die Christen kennen, was für sie ein Jesussatz ist, der allein in Jesus, dem auferstandenen Herrn, wahr gemacht, verbürgt und gültig gemacht ist. Wir, hier, ergreifen es im Glauben. Und es bleibt, was es ist, bis wir, ins Licht gekommen sein werden und ihn schauen: Geheimnis des Glaubens. Amen.

Jesaja 43,1 und 1. Korinther 15,54.55.57

So spricht der Herr, der dich geschaffen hat: Fürchte dich nicht, denn ich habe dich erlöst, ich habe dich bei deinem Namen gerufen: du bist mein! (Jesaja)

Der Tod ist verschlungen in den Sieg. Tod, wo ist dein Stachel? Hölle, wo ist dein Sieg? Gott aber sei Dank, der uns den Sieg gibt durch unseren Herrn Jesus Christus! (1. Korinther)

Liebe Gemeinde, darin war sein Leben eingespannt, davon war es umfangen, umfasst und gehalten. Darin ist unser aller Leben um Christi willen gehalten, umfasst und umfangen: Vom Herrn, unserm Gott, der uns geschaffen hat und von unserm Herrn Jesus Christus, der auferstanden ist und lebt – und wir werden mit ihm leben! Den hat Hellmut Matthiä verkündigt unter uns. Den lebendigen Herrn Jesus. Durch den wir leben werden in Ewigkeit. Oder, in den hohen, schier unbegreiflichen Worten der Bibel, die er verkündigte im Auftrag und in der Freude dieses Herrn: Ich habe dich erlöst. Der Tod ist verschlungen in den Sieg. Denn, wen er erlöst hat, den lässt Jesus auch im Tode nicht und zieht ihn ins Leben.

Der Tod hat Hellmut Matthiä nun auch eingeholt. Ist scheinbar, offensichtlich der Schnellere, der mit dem längeren Atem – wenn er atmen könnte, der Tod, aber vielleicht lebt er ja von dem Atem, den er den Lebenden stiehlt, der Tod hat ihn eingeholt. Obwohl er immer schnell gegangen und gewandert und oft noch schneller, zu schnell oft gefahren ist, weit weg, immer weiter weg. Oft voller Unruhe. Gegangen, gerannt, gerast, gereist. So kennen Sie Ihren Vater, so kennen wir unseren Freund, so kennt die Gemeinde ihren Pfarrer Matthiä. Einer,

---

Beerdigung von Hellmut Matthiä, 84 Jahre, Pfarrer in Sexau, am 27. Juni 1997 in Sexau i. B.

der unterwegs war. Vielleicht ist all unser Reisen und Rasen der tief innen wohnende Versuch, die Sehnsucht, dem nachlaufenden Tod zu entgehen – und er ist uns doch immer schon voraus entgegen! Nun doch nicht so sehr aus dem Grund, bei ihm, wie sein und mein Kirchendiener Franz Rasch vermutete: der hat Seeräuber im Stammbaum und Kapitäne und einen Admiral, den hält nichts, der muss hinaus in die Weite.

Aber auch da, umfangen und immer schon hinein gelaufen in die immer schon und überall auf ihn wartende Liebe seines Herrn Jesus Christus, in dessen Dienst er stand, den er verkündigte, dem er in Bescheidenheit und fast möchte ich sagen, in stiller, gewisser Ruhe und Treue (das, ihr Lieben, nennt die Bibel wohl: Demut), gehörte. Wie er ja darum auch denen, die ihm anvertraut waren, das weiß ich aus vielen Gesprächen mit ihm, das saht ihr, das erlebtet ihr, in verhaltener aber tiefer Treue zugetan und verbunden war. In seinem Leben und seinem Wirken: umfangen vom Wort des Lebens. Ganz gewiss. Gewiss in der Musik, die er liebte: ich war schon gewählter Pfarrer in Sexau – wenn ich ihn anrief, von unsrer Wohnung in Emmendingen aus: dann hörte ich fast immer, ich wartete auch schon darauf, helle, klare, feine Barockmusik im Hintergrund, solche, die in Trompeten und Es-Dur-Tönen vom Sieg kündet, die das Herz froh und den Mund fröhlich macht und die Augen hell und die Gedanken klar: Ich habe dich bei deinem Namen gerufen, du bist mein. Auch dein Tod, den du sterben werden musst, ist schon verschlungen in meinen, des auferstandenen Heilandes Sieg! Darauf, liebe Gemeinde, kann man ja nur hören, mit großen, wachen, hellen Sinnen wieder und wieder hören.

Aber, nicht wahr, er hatte das Gegenteil ja längst in seinem Leben erhalten. Wie ihr ja auch, liebe Gemeinde! Wer kennt denn schon die Lebens- und Leidensgeschichten und die stillen Zweifel eines Pfarrers, der in eine Gemeinde kommt? Und welcher Pfarrer kennt denn schon die generationenlangen Erleidens- und Schmerz- und Freudengeschichten und Glücksgeschichten der Menschen, die ihm nun für ein paar Jahre vom Herrn der Gemeinde, Jesus, anvertraut sind? Kennt die Geheimnisse und die Zweifel und die Nöte derer, die da schon unter der Erde liegen, wenn er anfängt, die ersten, die er zu kennen begann, zu begraben?

Ja, da war doch sein Leben schon gezeichnet von dem Gegenteil. Nicht: Der Tod ist verschlungen in den Sieg, sondern: Mitten wir im Leben sind von dem Tod umfangen. Der Krieg, Russland, das so tragisch gestorbene Töchterlein; wer auch weiß das denn, wie sehr es einen Pfarrer im Innersten, im Herzen, trifft und beschwert, wenn er dann hier oben hin muss, Jahr für Jahr, seine Gemeindeglieder zu beerdigen, immer gegen den offensichtlich auf breiter Front im Vormarsch sich befindenden Tod anzuglauben und gegen ihn anzupredigen – das Wort vom Leben: Gott sei Dank, der uns den Sieg gibt durch Jesus Christus, unseren Herrn? Ach, ihr Lieben, das muss ich nun auch einmal sagen an seinem Sarg: er war ja still, bescheiden und machte so gar nichts aus sich. War äußerlich oft zaghaft, hat wohl nie jemanden willentlich verletzt, war zurückhaltend auch mit großen Worten. Aber ihr müsst auch wissen und dran denken, wie oft es einsam und schwer ist in eines Pfarrers Herzen! Wie er doch nicht über den Dingen steht, die euch betreffen! Sondern mitten drin, oft hilflos über all dem Heillosen in euren Lebens- und Dorfgeschichten, mitten drin, weil da Menschen betroffen sind, von Krankheit, Leid, Schuld und Sünde und Tod – und es ficht ihn schwer an in seinem Glauben. Und solche Menschen, was sage ich: Ihr und alle, die wir hier beerdigt haben, denen doch auch dies Wort des allmächtigen und lebendigen Gottes gilt: »Ich habe dich erlöst – du bist mein!« Und: »Fürchte dich nicht!«

Und wo das aufeinander prallt in eines Pfarrers Leben und eines jeden Christenmenschen Leben, da entsteht oft ein so fürchterlicher Sog, dem Tod mehr zu glauben als dem Herrn Jesus. Dem nach dem Munde schön zu reden, was vor Augen liegt und nicht das zu sagen, was aufgetragene Wahrheit ist. Die Wahrheit über uns: Ihr Menschen gehört Gott! Gott allein. Nur Gott! Der Tod hat eben nicht das letzte Wort. Jesus hat gesiegt. Und das wird öffentlich bekannt. Und wird einmal, am Tag den Gott bestimmt, das letzte, allerletzte und zuletzt gnädige Wort sein. Wir sind auf der Seite des Lebens, das in ihm erschienen ist an jenem unvergesslichen Tage, da er vor der Maria Magdalena und den Jüngern und dem Thomas stand und sagte: Ich lebe, ihr werdet auch leben!

Das war in ihm drin. Ganz tief – und deshalb ganz unauffällig. Ganz zart, nie laut, nie marktschreierisch, nie großmäulig fromm und herrschsüchtig. Vielleicht zu zaghaft, aber gewiss. Einmal hat er mir erzählt – und ich habe den bleibenden Eindruck: das ist es, was ihn prägte!, sein Pfarrersein, sein Leben, seinen Glauben:

Im Krieg, in Russland. Er war ja zum Dolmetscher ausgebildet. Und er war, so erzählte er mir, einer Vorhut zugeordnet. Ein Wald im

Dunkel. Er kommt an ein Haus. Drin warmes Kerzenlicht. Die Fenster beschlagen, er sieht drin eine Gestalt, an einem Tisch sitzend. Die hat wohl seinen Schatten, ein Geräusch, eine Bewegung bemerkt und tut geschwind etwas in den Tischkasten. Er stößt die Tür auf, das Gewehr entsichert und vor sich haltend. Ein alter Mann, an einem Tisch. »Mach auf, hol raus, was du reinstecktest!« Der macht langsam die Lade auf. Holt heraus ein Buch. Die Bibel.

Sie lesen gemeinsam drin. Es tönt wie ein Märchen im Todesdröhnen des Krieges. Und sie lesen diese alte, als Weissagung auf Christus verstandene Stelle aus 1. Mose 3, der Geschichte von der verheißungsvollen Strafe nach dem Sündenfall: »Der soll dir den Kopf zertreten und du wirst ihn in die Ferse stechen«: die Schlange, der Tod und Christus, der Held und Heiland. Und sie sprechen miteinander. Und der deutsche Soldat Hellmut Matthiä sagt: Aber das ist doch nicht wahr, sieh den Krieg, sieh uns, sieh das Leid, den Hass, die Zerstörung, das Dunkel, die Finsternis des Krieges! Und der alte russische Mann erzählt: In unserem Wald hier gibt es giftige Schlangen. Nachts ziehen wir aus mit Fackeln, und finden wir eine, schlagen wir ihr den Kopf ab. Aber sie sind noch gefährlich. Beißen noch, das Gift wirkt noch – bis es Morgen wird, dann sind sie tot.

Wie schön, ihr Lieben, wie schön, diese Lebensgeschichte. Seine, Pfarrer Matthiäs Lebensgeschichte. Und die von uns allen! Ja, der Tod hat ihn eingeholt, sein Gift hat gewirkt. Gebissen mit tödlichem Todesbiss – und gestorben ist er. Die Lebensreisen sind zu Ende. Hat zugebissen, die Schlange Tod. Hat scheinbar noch schwere und gefährliche Macht. Aber er ist getötet, der Tod! Kein »vielleicht«, kein: »könnte, wird mal, wer weiß schon genau?« Nein: Christen singen Siegeslieder, nicht, um das Leid und den Tod zu übertönen, zu überspringen, zu übermalen, sondern weil sie es gewiss glauben: Am Morgen, wenn Christus kommen wird, alles neu und lebendig und unsterblich zu machen, wird es sichtbar an den Tag kommen: »Der Tod ist verschlungen in den Sieg. Tod, wo ist dein Stachel? Hölle, wo ist Dein Sieg?« Siegreiche, lebensgewisse Fragezeichen, die die Antwort, die vor ihnen liegt, schon kennen! Darauf predigen wir zu. Darauf, auf diesen Tag Jesu Christi hin, den Morgenglanz der Ewigkeit hin, da der Tod des Todes sichtbar wird und das Leben der Toten hell und neu und wunderbar wird, hat er zugepredigt, davon hat er gelehrt, gesprochen, darüber hat er zu euch geredet, als er unter euch euer Pfarrer war.

Dahinein ist er jetzt gestorben. Und sind die gestorben, die er hier beerdigt hat, auch eure Mutter, Frau Pfarrer Matthiä, neben der wir ihn gleich bestatten wollen, damit sie, die er so treulich in allerschwersten Zeiten umsorgt hat, mit ihm zugleich den Herrn und Heiland sieht, wenn er kommt, die Toten zu rufen, die in ihm entschlafen sind und in ihm schon geborgen sind aufs Auferwecktwerden hin. Dahinein, ins Leben, das Christus ist, beerdigen wir ihn und alle, die die Seinen sind. Die dem gehören, der sagt, was euch allen, ohne Ausnahme gilt, am Morgen, da die Schlangen wirklich tot sind: Fürchte dich nicht, ich habe dich erlöst, ich habe dich bei deinem Namen gerufen: Und jetzt bist du ganz und ewig mein. Amen.

Jesaja 54,10 und Kolosser 3,14

Es sollen wohl Berge weichen und Hügel hinfallen, – aber meine Gnade soll nicht von dir weichen und der Bund meines Friedens soll nicht hinfallen, spricht der Herr, dein Erbarmer. (Jesaja)

Über alles aber ziehet an die Liebe, die da ist das Band der Vollkommenheit. (Kolosser)

Ach, liebe Stefanie, ach, hätten doch nur die Berge gewankt und nicht er, dein Mann!

Ach, liebe Eltern, wären doch nur die Hügel um Schwabhausen ein wenig gewichen – und nicht sein, eures Sohnes, Leben!

Ach, liebe Schwestern und Brüder, mit solchem Wanken und Weichen der Berge und Hügel wären wir wohl fertig geworden. Aber nicht damit, nicht mit seinem Sterben, seinem Gefälltwerden, nicht mit Eckhards Tod.

Und, liebe Stefanie, das Band, das Band der Vollkommenheit, mit dem man euch so oft umwunden und umflochten sah, das Band eurer ehelichen Liebe und eures gemeinsamen Glückes – es ist nun zerschnitten. Vollkommen ist nun nur das Stückwerk, sind die Trümmer, vor denen wir stehen. Vollkommen, ihr Lieben, sind nun die Fragmente eines Lebens, vollkommen sind die ausgelöschten Pläne und herumliegenden Hoffnungen – es scheint nun doch alles, aber auch alles vollkommen kaputt zu sein.

Und Gott? Und wenn du dem kleinen Benedict erklären musst, warum der Vater nun heute nicht und morgen und übermorgen nicht an seinem Nachtbett wie jeden Abend singt: »Breit aus die Flügel beide, o Jesu, meine Freude«, wenn du ihm erklären musst, der es ja spürt, dass da etwas ganz Entscheidendes für sein kleines Leben nicht

---

Beerdigung von Eckhard Nuß, 33 Jahre, am 23. Juli 1999 in Flinsbach

mehr stimmt, weil eine, die Stimme des geliebten Vaters fehlt, wenn du ihm dann sagst: er ist beim lieben Gott, dort ist er gut aufgehoben – dann steht es doch vor unsren versehrten Augen und liegt schwer auf unsrer angefochtenen Seele: was, der liebe Gott? Was, der Vater im Himmel? Wenn Eltern, Vater und Mutter, ihren Sohn begraben müssen?

Ja, Ihr Lieben, jetzt tun wir eines nicht: wir geben keine fertigen Antworten. Weil das nicht hilft. Nicht tröstet. Nicht aufrichtet. Keine Zukunft hat: fertige Antworten. Wo alles klar ist. Aber es ist eben nichts klar an diesem Sarg und vor diesem Grab, alles ist doch verschwommen, schwimmt nicht nur in Tränen, sondern verschwimmt im haltlosen, uferlos untiefen Zweifelswasser. Wir müssen Gott fragen, müssen Gott um ein Wort bitten, müssen seinen Geist herbei flehen. Eines dürfen wir aber nicht, eines aber tut auf keinen Fall: wir dürfen ihm Fragen über Fragen stellen, aber ihn nicht in Frage stellen. Denn dann wären wir allerdings ganz allein, mutterseeleneinsam, verschwimmend im Nichts. Dann würde es auf Zeit und in Ewigkeit dunkel bleiben. Und: der Tod hätte das letzte Wort. Die Trümmer blieben, notdürftig zugedeckt, weil wir ja nun mal irgendwann wieder gewohnheitsmäßig fromme, biegsame Menschen würden, die Fragmente und Stückwerke blieben dieses und doch wohl auch unsres Lebens. Denn welches Leben kann man schon »ganz« nennen und »wahr«?

Und nun seht und hört, da sind ja in den beiden Bibelworten Gotteswörter enthalten, zutiefst gotteshaltige Wörter, die geben eine eigenartige, vielleicht hilfreiche, nein: gewiss rettende Richtung an, in der wir nun suchen müssen und finden werden – und so finden wir Ruhe für unsere Seelen. Es sind dies die gewährten und die bleibenden und nie vergehenden Gnadenworte, in denen Eckhard Nuß gelebt hat, die er auch in den Gemeinden verkündigt hat, die er so leidenschaftlich gerne besungen hat:

Meine Gnade. Der Bund meines Friedens. Der Herr, dein Erbarmer. Über alles: die Liebe.

Und das sind nun Worte, die haben einen Namen allesamt, auch der Name, der in all den Liedern auftaucht, die wir hier miteinander und füreinander singen: Jesus. Liebe Gemeinde: Ja, Jesus! Denn der ist nicht das verborgene, das abgewendete, rätselhafte, das im Tode unanschaubare Antlitz Gottes. Jesus, in dem wir leben, weben und sind, auf dessen Namen wir getauft sind und den auch der Tod nicht auslöschen kann, Jesus ist der, auf den wir nun schauen wollen. Und wieder: Er, der Sohn, der da am Kreuz hängt, scheinbar sinnlos sterbend. Er, der Sohn, der nach seinem Vater schreit; und wir meinen, er schreie in die sternenkalte Nacht, da die Berge weichen und die Hügel hinfallen und das Ohr bar jeder Antwort bleibt: Mein Gott, mein Gott, warum hast du mich verlassen? Und nun, Stefanie, nun ihr Eltern und ihr Freunde: in diesem Schrei aus dem zerschlagenen, essigbitteren Mund des wahren Sohnes Gottes, in diesem Schrei hat sich all unser Rufen und Schweigen und Wimmern und Fragen und Hadern und Weinen auch befunden und ist in Gottes Ohr gelangt, ihn zu fragen, den niemand in Frage stellen kann. Vater, Vater, warum nur?

Und die Antwort ist: Jesus lebt, mit ihm auch ich! Eine andere gibt es für uns nicht, muss es auch nicht geben, sie ist uns jetzt noch voraus, aber da, und wir werden uns hinein bergen, hineinfallen lassen können, wenn die Zeit dazu kommt. Gottes endgültigem Wort, auch im Dunkel solcher Not, die euch und uns jetzt mit diesem Tode betroffen hat, auch in diesem Dunkel dem lebendigen Jesus glauben zu dürfen: das ist Auferstehung!

Aber was sehen wir? Eben noch und noch lange die verweinten Gesichter und die müden Augen, die auf dem Wege sind, leer zu werden von Gottes einst und oft geschauter Güte. Eben doch noch wir auf dem Wege, und nun auch zu diesem neuen Grab, zerronnen und zerrissen alle Pläne, die uns besessen hatten. Da tritt er an uns heran in seinem Wort. Unerkannt zunächst. Dann die echten, gültigen Zeichen, die zu Herzen gehen: das zerbrochene Brot, Bild seines zerbrochenen Leibes. Das »Friede sei mit euch« – Wort ins Herz unsres friedlosen Fragens und Jammerns. Das Gebet überm Brotbrechen dort im Jüngerhaus in Emmaus – Hinweis auf sein Eintreten bei Gott, Jesus, der sitzt zur Rechten Gottes und uns vertritt, wie nur er, der unser Leiden litt, unsere Einsamkeit durchkaute, unser Schreien schrie, uns vertreten kann, dass wir nicht vergehen wie Rauch in starken Winden.

Und das sehen, das hören, das macht auch das Leben von Eckhard schon im Tode zu einem Abglanz des Vollkommenen, in dem Dank aufblüht und Liebe nicht zerreißt, sondern hält, wie man sich zwei Rosen als Erkennungszeichen entgegenhält, wenn man aus der Fremde wieder zueinanderfinden will. Und seht nun, haben wir nicht allen Grund, dankbar zu sein! Denkt doch nicht, dass ein solcher Tod mit 33 Jahren bedeutet, es sei nun alles, was er gelebt hat, zunichte gemacht! Er redet doch zu uns in den Liedern, die seine Lieblingslieder waren, die wir hier singen. Er lässt uns doch teilhaben an seinem so leidenschaftlich gerne ausgeübten Amt der Verkündigung, in das er zwar nicht kirchenrechtlich hineinordiniert wurde – aber die Gemeinden, die ihn hörten und erlebten, haben ihm doch längst den Orden geistlicher Güte verliehen! Was ist das denn anderes, wenn er von frühen Jahren an das wusste und es gelten soll als seine Verkündigung an uns: »Es ist ja, Herr, dein G'schenk und Gab', mein Leib und Seel' und was ich hab' in diesem armen Leben!« Und wenn einer glaubt, sein Gottsingen und Jesuslieben werde nicht im Augenblick des Todes enden, sondern der, der ihn geliebt hat, werde mit seiner Liebe nicht zu brechen sein und werde ihm wieder den Mund öffnen, damit er fortfahre, als sei nichts gewesen, dort in der Ewigkeit, also: als sei das Nichts des Todes eben um der lebendigen Liebe Christi willen zu nichts geworden: »Dass meine Augen sehen dich in aller Freud, o Gottes Sohn, mein Heiland und mein Gnadenthron. Herr Jesu Christ, erhöre mich. Erhöre mich, ich will dich preisen ewiglich!«

Wollt ihr das auch glauben und hier mitsingen, auf Erden? Und nicht wahr, eure Liebe zueinander, seine Liebe zu seinem Söhnchen, die bleibt doch! Die ist doch, eheliche Treue in oft schweren Stunden durchlebt, Zeichen der Bundestreue des heiligen und gerechten Gottes zu seinem ewig erwählten Volk aus Juden und Heiden! Zu dem auch wir gehören dürfen, und das nicht nur auf Erden, sondern auch im Himmel verbunden ist, im Tun seines Willens allein.

Und ihr, Eltern und der Bruder und die Schwiegereltern und die Gemeinde und Freunde, seine Zuverlässigkeit und Treue in allem, was er tat und anfing, sein hohes Lied der Liebe zu den Kindern im Kindergottesdienst, sie sind doch für uns wahrnehmbare und dankbar empfangene Zeichen der Treue und Zuverlässigkeit, der Beständigkeit und Wahrheit unseres Gottes, der aus der Fülle seiner Gaben uns Anteil gibt und schenkt.

Alles, alles um Jesu willen. Ach, so lasst uns nicht fertig werden mit schnellen Antworten bei diesem plötzlichen Tod unsres Freundes. Aber lasst uns die Worte hören, die um Jesu willen gelten, uns voraus, uns entgegen auf dem schweren Weg nach Emmaus, in unsere Gemeinden, unsere Häuser zurück, in euer Pfarrhaus zurück, endgültig ohne ihn:

Es sollen wohl Berge weichen und Hügel hinfallen.
Aber meine Gnade soll nicht von dir weichen
Und der Bund meines Friedens soll nicht hinfallen.

In solchen Lebensworten wartet der barmherzige Jesus auf uns, dass wir uns umfangen lassen von seiner Liebe, wenn wir ihn hineinbitten in unsre Häuser. Da lasst uns nun, gesungen, hören, was Eckhards Leben ganz und heil machen wird und unser Leben vorerst tröstet und beschenkt, bis auch wir in die Arme des lebendigen Gottes fallen dürfen: Jesus bleibet meine Freude! Ja. Amen.

Jeremia 6,16 und Hebräer 11,1+2

Fragt nach den Wegen der Vorzeit, welches der gute Weg sei, und wandelt darin, so werdet ihr Ruhe finden für eure Seelen! (Jeremia)

Der Glaube aber ist eine feste Zuversicht auf das, was man hofft, und ein Nichtzweifeln an dem, was man nicht sieht. Durch diesen Glauben haben unsere Vorfahren Gottes Zeugnis empfangen. (Hebräer)

Womit anfangen, ihr Lieben? Damit, dass Gustav Weber nun auch, durch seinen Tod, zu den Vorfahren gehört. Und wir sagen: Durch den Glauben an den lebendigen Gott hat er Zeugnis von Gott empfangen. Und gibt es und gab es an euch weiter. Durch sein Leben. Durch seine so gern gestellten Fragen, durch seine Wege, seine Lebenswendungen und sein Lebensschicksal, das er wie jeder und jede von uns zu bewältigen suchte. Im Glauben und mit Zweifeln. Denn unser Leben muss etwas alles Entscheidendes mit Gott zu tun haben – sonst hat unser Tod auch nichts mit Gott zu tun. Und jeder von uns hat ja ein ganzes Leben nötig, sein Leben so zu ordnen, immer wieder, dass es gute Wege sind, die man gegangen ist und geführt wurde, auch wenn sie an Feuern und Ruinen und Leichenbergen und notvollsten Gefahren vorbeigingen oder mitten hinein. Wie sein Leben im Kriege, dessen entfernte Zuckungen auf dem Balkan nun sich einer seiner Enkel aufgemacht hat zu erforschen.

Da sind wir bei ihm, Gustav Weber. Ein langes Leben, nahezu ein ganzes Jahrhundert. Gelebt in seinem Schwabhausen, und für ihn wie für so viele seiner Altersgenossen, entscheidend prägend. In wenigen Jahren des Krieges und der Gefangenschaft. Da sehen wir ihn, der nie aufhörte zu fragen, sich zu erkundigen, der so viele Geschichten und

---

Beerdigung von Gustav Valentin Weber, 91 Jahre, am 25. Juni 2001 in Schwabhausen

Namen und Ereignisse wusste aus unserm Dorf. Der viele Wege, wie Jeremia sagt, der Vorzeit gut kannte und erfahren hatte. Das waren beileibe nicht immer gute Wege! Beileibe nicht. Der sein Leben führte, wie man so sagt, aber ein Leben, das gewiss geführt wurde. Von seinem Gott und Herrn Jesus Christus geführt wurde er. Ein Leben der Ruhe im Dorf und der allergrößten Unruhe zuzeiten. Ein Leben, dem es um eins ging: die Ruhe der Seele zu finden und zu bewahren.

Die Ruhe der Seele – ihr Lieben, ist nicht das, wenn wir nachrufen: »Ruhe sanft!« Das ist nicht das, wenn wir den Tod schön umschreiben: »Ruhe in Frieden!« Das ist nicht das, wenn wir sagen: »Jetzt hat die unruhige Seele Ruhe«.

Die Ruhe der Seele: das müsst ihr euch so vorstellen: da sind alle Fragen gelöst. Da sind 90 Jahre eines Menschenlebens aufgehoben in dem Augenblick der wahren Begegnung mit dem lebendigen Gott. Da ist er nun darin auch ein Vorangegangner, dass er sieht, was er geglaubt hat. Und vergisst, für immer, woran er gezweifelt hat, weil er nun unzweifelbar sieht: Gott lebt. Gott hat wirklich das letzte Wort. Das ruft mich. Das nennt mich bei meinem Namen und ich darf antworten, nicht mehr fragen: hier bin ich! Das ist das Leben bei Gott. Das ist ewige Seligkeit. Ruhe der Seele eben, Ruhe in Gott für immer und ewig.

Er hat gerne gelebt. Er war eine Gestalt, eine Persönlichkeit im Ort. In der Kirche auch. An seinem Platz im Gottesdienst, hinten, in der letzten Bankreihe rechts. Fester Platz. Feste Gewohnheit. Wege, die ihn zum Gottesdienst führten. Einer der guten Wege eures Vaters und Großvaters, einer der Wege, für die ihr dankbar sein müsst, der euch vom Segen, den er mitnahm, abgab. Segenswege, die zur Ruhe führen. Und dahin, wo man hört, was denn im Leben trägt und im Sterben hält: der Glaube. Die feste Zuversicht, das offene, helle Vertrauen darauf, dass Gott nicht trügt, dass wahr ist, was er verspricht – sein Wort ist wahr und trüget nicht – und wenn alles vor unsren Augen nach dem Gegenteil aussieht. Lernt von seinem fragenden Geneigtsein auf ergehende Antwort hin. So stand oder saß er ja vor einem: er wollte Auskunft, Antwort. Lernen wir davon, dann sehen wir, was Glauben heißt: Auskunft bekommen von Gottes Wort. Kann ich mich dran halten? Kann ich in der Länge der Lebenszeit, im Krieg, im Sterben um mich herum und dann beim eigenen Sterben, kann ich drauf bauen auf die Auskunft, die Gottes Wort mir gibt? Ja, kannst du, getrost. Glaube ist ein Nichtzweifeln an dem, was man nicht sieht. An

Gott. An seinen Verheißungen. An meinem mir geschenkten Heil. An der Ewigkeit.

»Ich möchte das Abendmahl«. Ewigkeitsspeise vor der Reise. Auf dem Wege vor dem Ziel. Hin zu Gott. Jesu Nähe, Jesu Gegenwart, »schmecken und sehen«, wie freundlich der Herr ist, dem ich zu eigen bin im Leben und im Sterben. Der mir nahe ist, wenn ich nun durchs Todestor gehen muss, von allen verlassen. Ihn dann nur noch zu sehen, dem ich hier geglaubt und vertraut habe.

So ist das, am Lebensende, das ja für Christen, für den Glauben, Öffnung ins Leben ist. An Fronleichnam, da unsere katholischen Mitchristen die Hostie durchs Dorf tragen, auf ihre Glaubensweise zu sagen, dass Jesus gegenwärtig ist, stirbt der evangelische Christ Gustav Weber. Nach langem, gesegnetem Leben. Und hat die Hand seines Gottes so oft ihn führend gespürt. Und hat den Weg gesehen, der uns alle in die Ewigkeit führt: der Glaube an Jesus Christus. Und hat die Wegzehrung genossen, die zur Speise der Unsterblichkeit im Glauben wird: das Abendmahl. So wird Jeremias, des Propheten, Wort sein Wort an euch, die Nachkommen, und an uns, die wir mit ihm Christen auf dem Wege sein und bleiben dürfen. Hört es als sein Fronleichnamswort, da er dem Herrn, dem er geglaubt hat, nun begegnet, denn am Ende jeden Lebensweges, sei er kurz, nach menschlichem Maß, oder lang; für den, der glaubt, ist es der Weg ins Leben zu Jesus Christus, dem auferstandenen Herrn. So fragt nach *diesen* Wegen der Vorzeit, weil ihr wisst, welches der einzige Weg, die Wahrheit und das Leben ist, und wandelt darin. So werdet ihr die Ruhe finden für eure Seelen. Amen.

Klagelieder 3,22–24

Die Güte des Herrn ist's, dass wir nicht gar aus sind, seine Barmherzigkeit hat noch kein Ende, sondern sie ist alle Morgen neu, und deine Treue ist groß. Der Herr ist mein Teil, spricht meine Seele; darum will ich auf ihn hoffen.

Wilgersdorf, Kreis Siegen, liebe Gemeinde, mein Heimatort. Anfang der fünfziger Jahre. Die Hauptstraße mit Kopfsteinpflaster gepflastert, die Nebenstraßen mit vielen Schlaglöchern und schönsten Pfützen für uns Kinder. Ungefähr 1500 Einwohner. Eine Gemeindeschwester, die Schwester Elise. Wie Schwestern so sind: liebevolle Härte, geduldige Stärke. Irgendwie – gerade sie in ihrer rundlichen und nach Arznei riechenden Fülle: ein Zufluchtsort für Kinder. Was sie sagte, wurde gemacht. Kindergarten. Nicht so ein großer wie bei uns. Ein Nebenraum der Kirche, aber Gluckenort für die Küken im Dorf. Da versammelte man sich, zog mal zaghaft am dicken Glockenseil, das sich aber nicht regte ob solch kindlicher Kraft. Und wenn es dann raus ging, war das so: »Damit euch nichts passiert«, sagte Schwester Elise wohl und holte ein langes Tau hervor. »Hier hältst du dich, da du, und du packst da fest!« Jeder hat seinen Platz, seinen Anteil an diesem Tau. Und dann im Tau-Gänsemarsch raus, sie nebenher. Wir am Tau. Nicht festgebunden, sondern uns festhaltend, sicher – mit der Schwester Elise neben sich oder vor sich oder im Rücken, sie sang dann meist: Weil ich Jesu Schäflein bin oder so etwas ähnliches – glücklich marschierend.

Am Lebenstau. An das man sich hält: Da ist dein Teil, dein Stücklein, da halte dich dran fest, und dann losgegangen. Versteht ihr, liebe Gemeinde, das soll die Jahreslosung für die Lebenswege im neuen Jahr

---

Predigt am 1. Januar 1996 in Schillingstadt und Schwabhausen über die Jahreslosung 1996

und, wenn Gott es denn so will, darüber hinaus sein. Dass wir gehen können. Und wenn einer fällt, bleiben alle stehen und helfen auf. Und wenn eine stolpert, stützen die andern. Und wenn einer müde wird, gehen alle langsamer. Keiner lässt das Tau los, keine soll gefährdet sein auf schwerem, mühseligem Weg, matt und elend und tränenüberströmt liegenbleiben oder an einem Grab stehenbleiben, allein, während die anderen in sicherer Ferne verschwinden. Ihr wisst, wie verlassen sich Kinder vorkommen können, im Dunkeln sowieso und auch dann, wenn man plötzlich allein dasteht und die andern weitergehen oder weiterrennen, weil sie was entdeckt haben. Am Tau haltet euch, da ist euer Teil.

Und dies Lebenstau: das ist Gottes Wort. Und sind die Sakramente, Taufe und Abendmahl. Und es ist deshalb ein Tau, weil mit dem auch noch aus der tiefsten Tiefe gezogen werden kann; kein Tau, mit dem man den Sarg in die Grube fahren lässt, sondern ein Hochzieh- und Rettungstau. Halte dich dran.

Ja, nun, ihr wisst alle, wenn man so ein Tau genauer anschaut, sieht man, dass es aus einigen dicken Fasern gedreht ist, die umeinander geflochten sind. Das macht das Tau stark, unwiderstehlich stark. So ist dies Wort der Heiligen Schrift für uns.

Die erste Faser: Die Güte des Herrn.

Nicht unsere. Und da steht eigentlich etwas viel Schöneres als »Güte«. »Gütig« war mein Großvater und war, wenn wir gehorsam waren, die Schwester Elise. Gütig, das sind die freundlichen Augen, die dem Kind entgegenblicken: bei mir bist du gut aufgehoben, hab keine Angst. Hier steht aber: die Gnadentaten. Die uns und das ganze Gottesvolk aus Juden und Christen begleiten, bewahren, erhalten. Die uns erst zu dem machen, was wir hier und heute sind und morgen und übermorgen sein werden. Gnadentaten unseres Gottes: diese Faser des Lebensworttaus könnt ihr entlangtasten und -fahren und ihr merkt sofort: die hält. Das ist die Rettung des Volkes Israel aus Ägypten, und es ist das Überleben eines geretteten Restes in der Katastrophe des Untergangs der Stadt Jerusalem im Krieg gegen die Großmacht Babylon. Die Gnadentaten Gottes: das ist, dass du dies Jahr erleben durftest, dass du nicht in der Finsternis deines Herzens und deiner Not hängenbleiben wirst. Gnadentaten Gottes: das ist dann immer schon, längst vor uns und ewig mit uns: Jesus. Wie er hilft , heilt und rettet und ruft: Kommt her zu mir! Das sind jene Taten, die in der Lesung genannt wurden, die da geschehen, wo Gott gegenwärtig ist: Wunder! Ein

Wunderseil. Dein Teil dran hast du, halte dich fest dran. Du gehst so gewisse Wege. Mit den anderen. Denn es ist ja ein Gemeindeseil. Dies Tau der Schwester Elise und dies Lebenstau der Gnadentaten Gottes: Die Güte des Herrn ist's, dass wir nicht gar aus sind – das wirst du auch sagen dürfen, wenn du gar gemeint hast, jetzt ist es ganz und gar aus – und du kommst heraus. Heraus auch dann aus deinem Grab, wenn alle Zeit ein Ende gefunden zu haben meint in deinem Tod. Heraus, weil er dir dies Lebensseil hinunterließ, und du bist ins ewige Leben gezogen.

Die zweite Faser dieses Taus: Barmherzigkeit.

Seine. Die kein Ende hat. Noch nicht und, wegen Jesus, niemals. Barmherzigkeit, Erbarmen: da müsst ihr euch nicht nur die gütigen Augen eines euch liebenden Menschen vorstellen, da müsst ihr euch eine Mutter vor Augen führen, eure eigene vielleicht, auch einen Vater, sei's drum – die können nicht mit ansehen, wie du leidest und dich windest und ganz traurig bist und dich ängstest. Und Eltern sehen ja den Kindern an, wenn sie etwas quält und bedrückt und wenn sie Angst haben und Kummer. Und Eheleute, wenn sie sich liebhaben, sehen sich das auch an. Und dann kann man das nicht ertragen und kann das nicht mit ansehen, wie da einer leidet. Und sagt dann wohl: »Was ist denn?« Und hält ihn im Schoß oder im Arm oder macht Licht und sagt: »Ich bin bei dir, fürchte dich nur nicht.« So ist das mit der Barmherzigkeit Gottes auch. Der kann das nicht ertragen, wenn wir uns mit Schuld und selbstverschuldeten Tragödien abquälen. Wenn wir unterzugehen drohen, obgleich wir dabei noch singen oder pfeifen, weil die andern ja nichts merken dürfen: Er sieht es und weiß um dich, und sein Innerstes ist dir zugewendet, sein Herz schlägt für dich. Das musst du wissen. Und die mit dir am Lebensworttau festhalten, die müssen es dir sagen. Denn da ist Gemeinde des barmherzigen Jesus: Das sind Leute, die alle aus seiner Barmherzigkeit leben, die sich alle daran festklammern und die dann auch barmherzig sind. Und ihr wisst es auch, das Gegenteil von barmherzig ist hartherzig, ist ein steinernes, gleichgültiges Herz. Wie das Gegenteil von Güte Neid, Hass, Unversöhnlichkeit ist. Und wer das ist, der hat seine Hand schon losgelassen vom Lebenstau, aus den drei Fasern der Liebe Gottes gedreht, das niemals reißt. Und ist allein, auf sich gestellt und verirrt sich im Gestrüpp und steinigen Schluchten. Gut, dass auch da noch das Seil der barmherzigen Treue des guten Hirten hinab reicht, das du dann ergreifen kannst, letztendlich.

Und die dritte Faser des Liebestaus Gottes für unseren Lebenswegmarsch ist: Seine Treue.

Treue heißt im hebräischen Gottesworttext: ämunah. Und ist eines der schönsten Wörter in der Welt. Und wir sagen es auch als Gemeinde ganz oft. Immer dann, wenn wir »Amen« sagen, sagen wir: Du, Gott, bist treu. Gelobt sei deine Treue, die alle Morgen neue! Und du wirst uns geben, was wir von dir erbitten, so wie du es für gut befindest. Für uns und die anderen. Du erhörst Gebet. Bitten und Klagen und Rufen und Weinen und Loben und Danken. Hörst du alles. Und er hält uns an und sagt, wie die Schwester Elise: Halt mal, bleibt stehen! Keiner soll verloren gehen. Keiner für sich weinen und klagen. Bleibt stehen. Alle! Erst sehen, was da los ist! Und wendet sich dir zu, und alle schauen auch hin und sehen, wie er dich tröstet und dir die Tränen abwischt, und du schneuzt dich noch mal richtig fest ins Taschentuch, das er dir reicht und dann: weitergehen, festgehalten am Lebensworttau der Liebe Gottes, die seine Treue ist.

Das ist, liebe Gemeinde, Gemeinde. So sollt ihr sein. Manchmal ein Kindergarten, warum nicht. Mit Geschrei und Streit und kleinlichem Gequengel und Freundschaften und Feindschaften, die oft über Nacht geändert werden, eben Kindereien, gutartige, bösartige. Aber eben, liebe Schwestern und Brüder, am dreifach gedrehten Tau der Liebe Gottes: Ob wir in der Ebene marschieren und alles glatt geht, ob wir auf hohe, scharfgratige Einsamkeitsberge hinauf müssen, ob wir in Gletscherspalten des Leides abstürzen: wir sind gehalten. Nicht allein. Das Tau Gottes hält. Den stärksten Zwang und Zug hält es aus. Das ist seine Treue. Vergesst das nie. Lasst nicht leichtsinnig los, weil ihr meint, es sei dumm, immer mit den andern am Tau zu gehen. Und wenn wir durchs Dorf marschieren, vielleicht verlacht von den Nebendranstehern, die meinen, sie seien selber Herren und Damen ihres Lebens und wir seien gegängelte, von unsrem Glauben und der Kirche gegängelte Menschenkinder, dann seid großzügig, gütig und barmherzig. Und ladet ein, dass sie sich doch auch am Lebensseil halten sollen. Alle haben Platz daran, keiner, der sich nicht auch festhalten dürfte. Denn allein das ist unser Teil: der Herr. Der mitgeht. Der dies Tau selber gedreht hat aus den Fasern seines Herzens und straff gespannt hat, unzerreißbar durch die Glut seiner todeserprobten Liebe. Aus seiner Güte, die uns tagtäglich erhält; aus seiner Barmherzigkeit, die alle Morgen nach uns schaut und sich um uns kümmert, aus seiner Treue, die das Gewisseste und Sicherste ist, weil sie erprobt ist gegen den Tod. Denn dies Seil der Liebe, so wisst ihr und habt ihr gehört und glaubt ihr, das ist ja das, mit dem er Jesus aus dem Grab gezogen hat. Und da wird es zum Lebensseil. An dem kann man sich getrost halten. Mit geschlossenen Augen gar – und das hält dich, auch wenn du deine Augen in dieser irdischen Weltzeit schließen musst, das nennen wir Christen: sterben musst. Und an ihm führt er uns. Sicher. Ins Leben. Amen.

Matthäus 11,28

Jesus Christus spricht: Kommet her zu mir alle, die ihr mühselig und beladen seid, ich will euch erquicken!

Meine Lieben, liebe Gemeinde, habt ihr das gehört? Habt ihr das gesehen? Da breitet einer die Arme aus und lädt uns ein, dass wir uns in sie hineinfallen lassen. Wie ein Kind in die ausgebreiteten Arme seines Vaters läuft, rennt, springt, der da ruft: Komm! Und zugleich wird uns gesagt, was da geschieht, in seinen Armen: wir werden erquickt. Wir kommen zur Ruhe. So werdet Ihr Ruhe finden für euere Seelen. Ruheort für uns. Ruheort, der länger währt als ein Grab, dahinein wir ihn nachher zur letzten irdischen Ruhe betten werden, unseren Vater, euren Bruder, euren Freund. Er war ja nicht nur am Sterbetag, bis er dann ganz langsam und ruhig hineingezogen wurde in die Ewigkeit, unheimlich unruhig, als wolle er aufbrechen und nicht mehr warten. Als wolle er, frei und ledig aller Bänder und Tücher und Schläuche und Ängste und Träume, sich endlich dem Gott in die Arme werfen, zu dem er betete.

Er war ja, berufshalber, ein Reisender auf Erden. Ein Reisender schon als Kind und Junge, der erzählen konnte von den Reisen aus Hermannstadt aufs Land nach Scholten zur Großmutter. Ein Reisender, der Waren verkaufte von der französischen Grenze bis nach Nürnberg, ein Reisender, der sehr gerne reiste und es genoss in seinem Rentenalter. Ein Reisender, der oft sonntags nach Schillingstadt oder Schwabhausen zu unseren Gottesdiensten reiste und zu den Menschen, die er liebte.

Ihr Lieben, wer reist, braucht eine Heimat, von der er losfährt und in die er wieder zurückkehren kann, wieder und wieder. Wer reist, braucht einen Ruheort, darin er abschalten, die vielen Wege, die er fuhr und zu fahren hat, vergessen und ausruhen kann.

Beerdigung von Paul Bruckner, 77 Jahre, am 4. März 1999 in Schwabhausen

Was ist Heimat? Wo ist Heimat? Heimat ist da, wo ich geliebt werde. Heimat ist da, wo Liebe auf mich wartet. Heimat ist da, wo ich erwartet werde mit offenen Armen, wo man mich vermisst, wenn ich auf Reisen, abwesend bin und doch im Andenken der Liebsten anwesend bin. Versteht ihr, dass so das wundersame Apostelwort: »Unsere Heimat aber ist im Himmel« für uns alle, die wir glauben, ins liebevollste Licht kommt und verständlich wird gegen den Tod? Der heimatlos macht. Der uns bestenfalls ein Loch, einen Stein mit Namen und dann nach Jahren nichts mehr gönnt? Heimat ist da, wo mir Liebe den Ort letzter Zuflucht gönnt, wo mein Name mit Sehnsucht und Erwartung ausgesprochen wird. Wo ich besucht, umsorgt, gepflegt werde; Heimat hat immer ein Gesicht: des Menschen, der mich liebt und dann einmal das Angesicht Jesu Christi, der mich umfängt, hält und birgt: Kommt her zu mir ... ! Heimat ist da, ihr Lieben, wo Liebe kein Ende hat. Ihr niemand, auch der Tod nicht mehr, ein Ende bereiten kann: weil der, dem er ein allerschrecklichstes Ende am Kreuz und hinter schwerem Stein bereitet zu haben meinte, auferweckt wurde und lebt und liebt alle, die zu ihm gehören.

Ich weiß nicht, ob ihr darüber schon einmal nachgedacht habt: wie viele Geborgenheitsworte, wie viele Zufluchtsworte, wie viele Liebesraumsätze es in der Bibel gibt! Und dies Wort unseres Herrn Jesus Christus ist ja gewissermaßen der Höhepunkt all dieser Bergungs-, Ruhe- und Zufluchtssätze. Darin hat er wohl sehr gelebt in den letzten Monaten seines Lebens. Die hat er mit uns auch hier gesungen: »Meine Zeit steht in deinen Händen – nun kann ich ruhig sein, ruhig sein in dir!« Oder als Zuspruch gehört und gelesen: »Wenn ich dich anrufe, Herr, so erhörst du mich und gibst meiner Seele große Kraft!« Oder noch, sein tägliches Beten: »... denn ich befehle mich, meinen Leib und Seele und alles in deine Hände. Dein heiliger Engel sei mit mir, dass der böse Feind keine Macht an mir finde ... «

Nun aber, meine Lieben, hat der böse Feind scheinbar doch Macht an ihm gefunden? Der böse Feind: der Tod? Macht an denen, die Jesus Christus gehören? Geht das? Glaubt ihr das? Dass im Tode Jesu Hirten- und Ruhe- und »Komm – in meine Arme!«-Ruf nicht mehr gelten soll? Ist aber nicht der am Kreuzesbalken festgenagelte Heiland mit seinen ausgestreckten Armen gerade der lebendige auferstandene Herr Jesus Christus? Der dem Tod die Macht genommen hat, die Macht, die uns heimatlos machen würde für immer, wenn sie gelten würde? Ja, das hat er! Dem Tod seine Macht genommen. Endgültig.

Auferweckt von dem Tod wird sein Wort das allein dauernd gültige, durch kein Todesmachtwort mehr außer Kraft zu setzen. Das allein wahre Wort. Das allein endgültige. Denn darauf kommt ja nun alles, wirklich alles an, für jeden und jede, wer du auch bist, was du auch zu haben meinst, was du auch erworben hast, was du alles erlebt, gesehen, erlitten, durchlitten hast, was du auch für dich befürchtest und in welch für andere unsichtbarer Schuld du so dahinlebst und wovor du tief drinnen in dir so unruhig machende Angst hast – darauf kommt nun wirklich alles an: Dass unser Vater ein Reisender war, ist ja nur ein Bild für unser aller Leben. Reisende sind wir alle, alle. Gehen, fahren, schleichen, humpeln, laufen, springen, fliegen durch die Welt. Auf ein Ziel zu. Nur: wo kommst du an? Wo willst du ankommen, letztendlich? Am letzten Ende? Wohinein willst du gerne fallen? In das nichtende Nichts, oder in die Arme dessen, der auch den verlorensten Sohn, die entfernteste Tochter noch ruft, zu sich zieht, bei sich haben will? Bei Gott, der dich geschaffen hat, der dir dein Leben gab, der dich erhielt, dich erfreute, dich begabte, dem du alles verdankst, der dir allein aus Gnade deine Schuld vergibt, bevor du im Gericht nicht bestehen kannst – oder beim Tod, dem du nichts schuldest, nicht den kleinsten Dank, der dir alles nimmt, was du hast, und dein Leben mit seiner Schuld und seinem Versagen vor Gott und dem Nächsten endgültig zu machen verspricht? Ach, die Wahl ist doch nicht schwer! Seht: da schiebt sich die Gestalt des auferstandenen Jesus Christus am Ende vor den Tod, breitet die Arme aus, ruft: Komm, ich will dir Ruhe geben. Ruhe, der lebendigsten Erquickung. Du sollst leben, weil ich lebe. Ewig. Umflossen von Liebe, umhüllt vom Glanz der Nähe Gottes, angeschaut von liebevollen Augen des Heilandes, du fällst, Menschenkind, wenn du mir glaubst, in die Arme des Lebens, dem kein Tod mehr schaden kann.

Es sind ja alles Bilder, was wir hier erleben auf Erden in unsrem Leben. Bilder des Gehens und Kommens, des Wanderns, Fahrens, Reisens auf ein Ziel zu. Des Geschenktbekommens und Genommenwerdens. Bilder, wie der Vater die Tochter auf dem Arm trägt. Bilder, wie die Treue in der Ehe 50 Jahre und länger währen darf. Bilder, wie er erwartet wird zu Hause von langer Reise. Bilder, die uns dankbar machen. Und die vergehen. Aber die Wirklichkeit, auf die sie hinweisen, vergeht nicht, die Wirklichkeit des lebendigen Gottes. In die hinein er nun am Ende gelangt ist. Lebensreise am letzten Ende: in der Heimat, da wir wieder und ganz neu und unverhinderbar Kinder Gottes ewig sein werden. Der dasteht, der ruft, der uns auffängt, hält, trägt, birgt, wenn wir fallen, müde sind, bis zum Umfallen müde durch Lebenskampf und Krankheitsnot. Da, da hört es, ihr, die ihr lebt, wo Heimat ist, die bleibt denen, die ihm vertrauen:

»Kommt her zu mir alle, die ihr mühselig und beladen seid, ich will euch erquicken. Und ihr werdet Ruhe finden für eure Seelen.« Amen.

Matthäus 13,43

Dann werden die Gerechten leuchten wie die Sonne in ihres Vaters Reich.

Schwestern und Brüder, liebe Gemeinde! Das sagt unser Herr Jesus Christus.

Das sagt der, der Leid und Tod durchlitten und überwunden hat. Und weil er, der lebendige, herrliche Jesus das sagt, gilt es. Gilt es jetzt für Hildegard Landau. Und wird es gelten für alle die, die diesem Herrn glauben, vertrauen, an ihm festhalten, die auf ihn harren. Ist es nun für sie, die von uns gegangen ist, keine Zukunft mehr, sondern helle, klare, ungeahnt wunderbare Gegenwart bei ihm, ihrem Herrn, dem sie glaubte und vertraute wie ein Kind. Bei Jesus. Seine Zukunft ist eingebrochen in ihr Leben, nicht die Vergangenheit. Die Zukunft ist Gegenwart geworden für sie: Die Gerechten werden leuchten wie die Sonne. Die Gerechten, das sind die, die er gerecht gemacht hat durch seinen göttlichen, unumstößlichen, unwiderrufbaren, unanfechtbaren, gnädigen Urteilsspruch: Ich habe dich erlöst. Du bist mein!

Ach, das ist so ganz anders als das, was wir vor Augen haben und was uns hergeführt hat auf unsern Wilgersdorfer Friedhof. So ganz anders ist das als das, was wir von ihr vor Augen hatten, zuletzt, was der Tod und sein Handlanger, der Krebs, von ihr übrig gelassen haben. So anders auch als das, was uns zurückbleibt: die Leere, die Sehnsucht, die Liebe. So ganz anders. Aber das muss so sein. Verschließt der Tod die Augen, sehen wir nur Leiden, Sterben und Tod vor unsren Augen – dann sehen wir ja nicht mit den Augen des Glaubens. Hören nicht mit den Ohren des Glaubens. Glauben nicht mit dem Herzen des Glaubens, der weiß, ganz fest, kindlich fest es weiß: Und ob mir gleich

---

Beerdigung von Hildegard Landau, 49 Jahre, am 1. März 2000 in Wilgersdorf, Kreis Siegen

Leib und Seele verschmachten, so bist du doch, Gott, allezeit meines Herzens Trost und mein Heil!

An die Hand dieses Gottes hat sie sich geklammert, wie an deine Hand, Herbert, wie an euch, die Kinder. Mehr noch. Weil sie ja wusste, tief kindlich glaubte: Wenn die Hand meines Mannes mich loslassen muss, wenn ich ihm entgleite in die unheimliche Nähe des Todes, dann hält mich die Hand, die uns zusammengeführt, die uns verbunden hat in der Ehe, die uns geleitet hat mit den Kindern durch wunderschöne und schwere Zeiten; dann hält mich die Hand, die mich ergriffen hatte, als ich getauft wurde und in die ich einschlagen durfte als in die Hand des Heilandes und guten Hirten, der mich nie verlassen wird: Und ob ich schon wanderte im finsteren Tal, so bist du bei mir!

Ja, so ist das, ihr Lieben. Genau so. Die Hand Jesu hält dich. Hält dich fest. Hält dich ganz fest. Lässt dich nicht los. Uns auch nicht, jetzt, da wir sie losgeben, ihren Leib wegtragen, hineingeben müssen in die eisigkalte, universumdunkle Todesnacht des Grabes. Aber nicht wahr, ihr Lieben, da war er ja auch, der Jesus. Da war er auch. Und der Vater im Himmel riss ihn heraus. Und er stand auf. Und kam heraus. Damit er uns nun auch herausreißen soll. Denn das ist das Trost- und Rettungsamt des auferweckten Jesus an den Seinen bis zum Ende der Zeiten.

Nun seht und hört, welch ein Weg das ist, wie schwer der ist, wie unendlich schwer, den wir gehen müssen. Gestern las ich – so etwas fällt einem zu, wenn man ganz verwirrt und hilflos herumgeht im Haus und nach Wörtern sucht – gestern fiel mir zu ein Gedicht einer dänischen Dichterin. Und ich sah es sofort, das wart ihr zwei, Herbert, du und Hildegard. Das wart ihr in dem letzten Jahr ihrer Krankheit, bis die Finsternis hereinbrach am frühen Sonntagmorgen, da die Sonne aufgehen wollte für einen neuen Lebenstag: »Angst« ist es getitelt:

Angst
Halte mich fester umfasst
Mit deinen runden Armen;
Halte fest, während dein Herz
Noch Blut und Wärme hat.

Bald sind wir getrennt
Wie die Beeren an der Hecke;
Bald sind wir verschwunden
Wie die Blasen im Bach.

Leben, das miteinander begann, da ich euch traute vor 29 Jahren? Leben, gemeinsames Leben, das nun so endet? Wie endet? Böse? Nein. Finster? Nein. Endgültig? Nein. Nein, dreimal nein. Um Jesu willen, dreimal nein und ein helles Ja: es endet, ist schon eingemündet so: Die Gerechten werden leuchten in ihres Vaters Haus.

Ach, aber das will ergriffen, durchlitten, durchbetet, durchzweifelt werden. Es ist ja so schwer für uns, die wir das nicht sehen, denen es gesagt wird, die es glauben möchten – und das finstere Reich des Todes ist davor, von dem her kein Licht herüber scheint. So schwer. Da muss man es wieder und wieder hören, sich sagen lassen, erbeten, erkämpfen, wenn so der Weg geht, wie ihr ihn so oft miteinander gehört habt in dem Elias-Oratorium des Mendelssohn-Bartholdy. Das beginnt ja auch so:

Herr, es wird Nacht um mich. Sei du nicht ferne!
Verbirg dein Antlitz nicht vor mir!
Meine Seele dürstet nach dir
Wie ein dürres Land.

Und vorher hatte es geheißen:

Wer beharrt bis ans Ende, der wird selig.

Und wie schwer kann das werden. Wie brauchst du da das Wort deines Herrn Jesus, wieder und wieder gesagt und gebetet, gesprochen und gemurmelt miteinander und füreinander: Ich lasse dich nicht. Ich bin bei euch alle Tage.

Denn das, was der Tod anrichtet, das Verderben, das er anrichtet, ist ja glaubenstötend. Ist ja wie eine schwarze große Spinne, die dich, deinen Leib von innen besetzt und zerspinnt und aussaugt und zerfrisst. Und sich nicht mit dem Leib begnügt, sondern deine Seele, deinen Glauben, deine Hoffnung, dein Vertrauen umspinnt, vergiftet, zerfressen will. Und wer ist da, der helfen kann?

Ihr Lieben, es ist nur, ich sage es euch in allem Ernst und aller Einfalt, weil es nicht anders geht: es ist nur der Jesus Christus, der da ist, um zu helfen. Der von ihrem Leben Besitz ergriffen hat. Dem sie gehört. Dem sie geglaubt hat. Der sie gerecht gemacht hat durch sein Leiden und Sterben. Die Gerechten werden leuchten wie die Sonne – gerecht ist sie nicht dadurch, dass sie so vielen Menschen nach deren Zeugnis Gutes tat, dass sie ein weichherziger, liebevoller, mitleidender und mittragender Mensch war. Gerecht ist sie allein durch den Glauben, der glaubt: Jesus, der ist mein Leben. Mein ewiges. Mein Glanz. Meine Sonne, die mir lachet, ist mein Herr Jesu Christ. Lachet: ihr nun entgegen, sie willkommen heißend, dass ihr Angesicht strahlt vor Freude, ohne Schmerz und unverzerrt. Nur noch: Jesus.

Versteht ihr nun, meine Lieben, was das Sterben eines Christen ist? In nichts unterscheidet sich sein Leiden, seine Leibes- und Seelennot von dem der andern Menschen. Wir erwarten das vielleicht, machen uns da auch was vor, fromm, wie wir sein wollen. Die Hilfe aber ist eine andere. Das Sterben wird zum Gang ins Leben. Ich habe einen lieben, frommen und gläubigen Mann als Gemeindeglied, fast ein Jahrhundert alt. Ein Leben voller Entbehrungen, Gefahr und Not in Krieg und umstanden von Abschieden. Der sagte mir, dem Pfarrer, als wir vor Tagen seinen Schwager zu Grabe trugen: »Herr Pfarrer, das ist doch nur der Leib. Sterben: das ist der Anfang vom Leben.« Sterben, das ist doch der Anfang vom Leben! Vom Leuchten. Vom Licht. Von der Liebe Jesu umfangen. Nur noch er, seine Liebe.

Herbert, Alexandra, Christian, Johannes, ihr alle, meine Lieben: dahinein ist sie doch gestorben, bitter, schwer, am Leben und an euch hängend wie eine Mutter und eine liebende Frau nur hängen kann an denen, die die Ihren sind. Aber das ist es, was wir glauben: um Jesu willen im Licht. Umflossen von seiner Liebe wie von einem wunderbaren Kleid. Gegürtet von seiner Güte wie von einem unzerreißbaren Band. Und ich stelle es mir so vor, wie ich es mir bei unsrer Mutter und unsrem Vater, bei so vielen, die ich beerdigen musste, einfach nur vorstellen kann: Und sie lacht das Lachen der Erlösung. Und sie weint die Tränen der Freude, den nun schauend, dem sie geglaubt, vertraut hat, wie sie es lernte: dem einzigen Trost im Leben und im Sterben: Jesus. Und sie lebt nun in der Ewigkeit und ist nun ganz einfältig, ganz ohne Zweifel, ganz ohne Schmerzen, ganz ohne Tod: Jesu Schäflein.

Wir werden es auch sein. Fürchtet euch nicht, glaubt und vertraut: Was kein Auge gesehen hat und kein Ohr gehört hat und was in keines Menschen Herz gekommen ist, das hat Gott bereitet denen, die ihn lieben! Amen.

Markus 10,13–16

Und sie brachten Kinder zu ihm, dass er sie anrührte. Die Jünger aber fuhren die an, die sie trugen. Da das Jesus sah, ward er unwillig und sprach zu ihnen: Lasset die Kinder zu mir kommen und wehret ihnen nicht; denn ihnen gehört das Reich Gottes. Wahrlich, wahrlich ich sage euch: Wer das Reich Gottes nicht empfängt wie ein Kind, der wird nicht hineinkommen. Und er herzte sie und legte die Hände auf sie und segnete sie.

Liebe Regina, lieber Peter, lieber Philipp, liebe Großeltern, Paten und alle um Jesu Christi willen: liebe Gemeinde!

Jesus ruft die Kinder zu sich. Welch schönes Bild uns da vor Augen kommt. Wie Jesus die Kinder lieb hat, wie er sich zu ihnen beugt, wie er sie auf den Arm nimmt, wie er ihnen die Hand auf das Köpflein legt und sie segnet – oder hat er ein Kreuz über ihnen segnend geschlagen – sein Kreuz? Wie er alle, die sie von ihm abhalten wollen, zurechtweist. Er kennt sie. Er liebt sie. Er hat ja auch euren David bei seinem Namen gerufen, hier, als wir ihn in seinem Namen tauften, als er ihn mit der Taufe zum kleinen, aber vollwertigen Bürger des Gottesreiches gemacht hat, da hat er es über ihm sagen und ihn dann mit euch segnen lassen: Ich liebe dich, du kleines, armseliges Menschenkindlein. Und bist du in Schmerzen geboren und wächst du in mancherlei leiblichen Nöten und mit den Sorgen der Eltern auf: ich liebe dich. Ich habe dir, gerade dir, diese Eltern gegeben, die sich in großer Liebe und Zuwendung um dich mühen, Tag und Nacht.

Nun denkt nicht, ihr Lieben, er habe nun, der gute Heiland, dies Menschenkindlein so in sein Reich rufen wollen. Nun müssen wir alle, ich auch, damit fertig werden, dass dieser Tod des kleinen David ein riesiges Fragezeichen ist gegen die Liebe des Herrn Jesus Christus.

Beerdigung von David Ehrly, 2½ Jahre, am 5. August 1995 in Schwabhausen

Damit müssen wir fertig werden. Aber wir können es doch nicht. Niemals können wir damit fertig werden. Aus uns nicht. In uns ist nur wundgescheuertes Lieben und Gott fragendes Weinen. Da lasst uns doch hinsehen und hinhören und beten: Ach, lieber Heiland, du Freund der Kinder, mache aus uns auch Kindlein, die Dir vertrauen, dass du auch auf uns völlig unverständlichen Wegen und durch tiefe Herzensnot hindurch, dass du da auch uns liebst und segnest und dem tödlichen Zweifel und dem schmerzdurchbohrten Fragen wehrst.

Liebe: das ist es wohl. Da ist eure Liebe zu eurem kranken Kind ein Zeichen der Liebe Gottes zu den Menschen. Da ist das unermüdliche sorgende Begleiten, das Herumführen und Zeigen und sich mit David Freuen ein Zeichen der väterlichen Freude Gottes über uns, seine Menschenkinder. Da sind diese seltsamen Dinge, die uns von ihm abbringen lassen – und sie fuhren die an, die sie trugen! Uns aus der Nähe Jesu weghalten möchten – solche tieftraurigen, uns um- und aufwühlenden Geschehnisse, dass wir an Gottes Dasein zweifeln! Solches Sterben eines Menschenkindleins, das doch hineingetauft wurde in die Obacht und Fürsorge Gottes. Ich hatte ihm doch den Taufspruch mitgegeben, weil ich euch gerne habe und wollte, dass ihr das über eurem Kind erfahrt: »Behüte mich wie einen Augapfel im Auge, beschirme mich unter dem Schatten deiner Flügel!«

Und nun? Ist David nicht wie Gottes Augapfel? Ach, er ist ihm jetzt so nahe, so ganz und rein und anders nahe, dass wir uns das gar nicht vorstellen können. So ist er nun, David, bei seinem Gott. Bei seinem Jesus, der die Kindlein liebt: er herzt ihn nun.

Wie ihr das getan habt die wenigen Jahre hindurch und so gerne noch viele Jahre getan hättet. Sie, Frau Ehrly, Sie waren ihm eine Mutter, wie man nur eine finden kann. Was ein so kleines, kurzes Leben für einen Sinn hat? O, da zögere ich nicht: Liebe zu ihm. Dass es Liebe weckte bei euch, dass es geliebt wurde. Und Sie sind in Ihrer Mutterliebe und ihrem Mutterschmerz nun geheiligt und geliebt bei Gott. Ich meine es ganz, ganz ernst, wenn ich Ihnen die Mutter vor Augen stelle, die Sie sehr gut kennen, mit der Sie in Andacht und Gebet im Kinderglauben aufgewachsen sind. Maria, die Mutter Jesu. Und da gibt es Bilder und Statuen von ihr, viele, sehr viele, wo sie als die Schmerzensreiche den getöteten, gekreuzigten Sohn, unsern Herrn Jesus, im Schoß liegen hat. Die Schmerzensreiche, ihr Lieben, die wir uns anschauen müssen, damit wir ahnen, auch diese Mutter hat nicht gewusst, was da mit ihrem Sohn und also mit ihr geschehen ist. Denn das Leid und der Schmerz der Söhne und Töchter ist auch der der Mütter und Väter, die sie lieben. Und sie hat nicht geahnt, warum es an ihm und mit ihm geschehen ist. Und sie hat es wie wir alle erst einmal hören müssen: dieser Jesus, der wahre Gottes- und Mariensohn, der starb gegen den Tod. Welche Ungeheuerlichkeit. Nicht nur den Tod, sondern gegen ihn! Für uns. Fürs Leben des toten David Ehrly. Dieser Jesus litt und starb, damit er uns verstehen kann in jeglicher Herzens- und Seelennot, die vom Tod her kommt, der uns trifft und betrifft. Er ließ nichts aus von unsren Zweifeln und von unsrem Elend, damit wir uns an ihn wenden. Und sagen: Du, der du die Kindlein herztest und segnetest, du, der du deinen Namen mit dem des David verbunden hast: lass uns das doch jetzt glauben. Dass er lebt und bei dir ist. Und nun nichts mehr ihm geschehen kann. Und dass du Vater und Mutter und den Bruder liebhast und sie kennst und uns alle auch und dass wir armen Menschenkinder allein darin geborgen sind, in unseren Fragen und Ängsten und Nöten, die uns eingittern und einschnüren und zuschnüren, darin geborgen, dass du zu uns sagst: Fürchtet euch nicht. Ich habe euch bei eurem Namen gerufen. Ihr seid mein. Bleibt mein. Nicht Zweifel, nicht Tränen, nicht Not, nicht Tod trennt uns. Und dass du, Jesus, hörst, für den kleinen David, wenn wir jetzt betend für ihn und uns singen und seufzen und bitten:

Breit aus die Flügel beide,
o Jesu, meine Freude,
und nimm dies Küchlein ein.
Will Satan mich verschlingen,
so lass die Englein singen:
»Dies Kind soll unverletzet sein.«

Amen.

Römer 4,25

Jesus ist um unserer Sünden willen dahingegeben und um unserer Gerechtigkeit willen auferweckt.

Liebe Schwestern und Brüder, jetzt ist von Jesus und nur noch von Jesus zu reden. Und von dem, was er für Lina Wörner und für dich und für alle, alle Menschen tat und an uns allen tun wird. Nur von Jesus ist zu reden. Denn nur von ihm heißt es mit vollem, heiligem, göttlichem Recht: Er ist auferweckt.

Aber, da könntest du ja noch sagen: na und? Ich muss doch noch sterben. Komme – und sei es nach einem langen, gesegneten Leben – eben auch in einen solchen Sarg und unter die Erde. Auferweckt, Jesus? Mag sein. Sage ich ja auch im Glaubensbekenntnis auf. Aber ich?

Ja, das wäre es wirklich, wäre alles und wäre nichts, wenn man von hinten, vom Tode her dein Leben ansehen würde. Wenn wir nicht auf Jesus sähen. Und hörten, dass es noch heißt: Jesus ist dahingegeben. Wohin? Eben: in den Tod. Weshalb er, der unschuldige, einzig reine, einzig gerechte Gottessohn und Menschenkind? Nun hört die beiden anderen, uns zutiefst angehenden und uns mit hineinziehenden Zusätze: *Um unserer Sünden willen dahingegeben, um unserer Gerechtigkeit willen auferweckt.*

Das ist die alleinige Wahrheit, die Wahrheit und nichts als die Wahrheit über deinem Leben, lieber Mensch. Und die gilt für dein Sterben, und die gilt allein im Gericht Gottes!

Da ist Gott. Und da bist du. Und wenn du angesichts des Todes einmal inne hieltest und stille würdest und dich ansähest, ganz ehrlich, ganz ruhig, ganz genau: du müsstest tief, ganz tief erschrecken. Du und Gott! In diesem Verhältnis stimmt von dir aus aber rein gar nichts. An

---

Beerdigung von Lina Wörner, 87 Jahre, am 16. Oktober 1998 in Schillingstadt

diesem Verhältnis ist auch gar nichts dran, wenn du von dir ausgingest. Dich ins Spiel bringen, in den Vordergrund, ins Zentrum stellen wolltest. Die Bibel redet in solchen Fällen eine klare Sprache: »Du lässest sie dahin fahren wie einen Strom. Sie sind wie ein Schlaf, wie ein Gras, das am Morgen noch sprosst und des Abends welkt und verdorrt ... Das macht dein Zorn, dass wir so vergehen und dein Grimm, das wir dahin müssen.«

Da ist es gesagt, was gilt, von dir aus. Daran gäbe es nichts zu rütteln: Du und Gott. Gras und Sense. Großsprecherei, auch fromme, und Zorn Gottes. Rechthaberei und Gerechtigkeit Gottes im Gericht – wohin soll ich fliehen vor deinem Angesicht? Ja, wenn es das Angesicht des zornigen, heiligen und gerechten Gottes wäre, das dich anschauen wollte: wohin dann?

Und nun ist es ein ganz anderes Antlitz, bekommen Gericht und Recht, Heiligkeit und Zorn Gottes ein ganz anderes Aussehen. Jesus, von dem wir jetzt reden. Und das hat Lina Wörner geglaubt. Das hat sie gesehen vor ihrem inneren Auge, daraus konnte sie leben und ins Schauen dieses Antlitzes hinein ist sie gestorben: das Antlitz des am Kreuz für sie gemarterten und geschlagenen Gottessohnes. Die Dornenkrone. Und die brechenden Augen des heiligen Gottes, der mit diesen Augen seines Sohnes dich und alle Welt in vergebender Liebe angeschaut hat: »Und er sah sie an und es jammerte ihn, denn sie waren wie eine Herde ohne Schafe.« Und diese Hirtenaugen der treuesten Liebe Gottes, die Jesusaugen, brechen. Und der Mund schreit einen Schrei, der aber jeden Schrei und jeden Seufzer und jedes Stöhnen und jedes sehnsüchtige Bitten nach Heil und Gnade und Liebe mitnimmt vor und in Gottes Ohr.

Jesus, unser Mund. Jesus, unser Bitten. Jesus, unser Leben. Nur er. Nur von ihm ist zu reden angesichts des Todes und Endes unsres Lebens. Weil er allein gegen und durch den Tod hindurch uns trägt, heilt, hilft und rettet. Da weißt du, was diese Christin wusste: mit ihm lebe ich. Durch ihn lebe ich in Ewigkeit. Und ewig werde ich bei ihm leben. Wie ich mein Leben für ihn gelebt habe. Und dieses Leben für Jesus muss ja nun nichts Großes, Überwältigendes, durchbrechend Überzeugendes sein, unser Christenleben. O nein. Ich kannte sie acht Jahre. Und ich habe es nie erlebt, dass nicht Dankbarkeit in ihren Augen zu lesen und Worten zu hören war, Freude darüber, zu Jesus gehören zu dürfen, Christin sich nennen zu dürfen mit vollem und gnädig gewährtem Jesusrecht. Dank dafür, wie er auch sie, auch in schweren Zeiten, auch in der Einsamkeit des Witwenstandes versorgt hat: nie hat es mir an etwas gefehlt! Und ihr Christenstand war darin selbstverständlich, dass sie für uns alle, für seine Gemeinde hier in Schillingstadt, die Hände gefaltet und gebetet hat.

Wieder eine Beterin weniger in unserem und für unser Dorf und unsere Gemeinde. Ihr Lieben: das zählt! Wer von euch übernimmt nun ihr Beterinnenamt? Beten heißt ja: alles der Liebe und Gnade und Güte des auferweckten und lebendigen Herrn Jesus Christus empfehlen. Alles ihm sagen und sagen: Mach's gut mit uns, Herr Jesus Christ!

Wenn wir von unsrem Tod reden, reden wir zuerst und noch einmal und wieder und wieder von Jesus. Und zu ihm beten wir, damit er uns nicht lässt. Das ist Christsein. So einfach. So schlicht. So einfältig. Und doch ganz von Innen glühend und wahrhaftig. Glut, die gespeist wird aus dem hellen Feuer der Liebe Jesu, in dem sie lebte. Und nicht verging im Tod. Kein Tod kann dies Feuer löschen. Sie ist ein Christenmensch, der uns fehlen wird. Aber sie ist schon umhüllt vom Glanz der Liebe ihres Herrn Jesus Christus. Deshalb können wir sie ja gut loslassen. Du lieber Mensch, wenn du weißt, dass du in den Armen des Herrn Jesus bist, dann kannst du loslassen, dich fallenlassen, du wirst gehalten, getragen, geführt und zuletzt ins ewige Leben hinein geholt von den starken Armen Jesu, der für dich dahingegeben wurde und um deinetwillen auferweckt wurde. Lass dich ihm ganz. Jetzt schon.

Wieder und wieder hat sie mit ihrer Tochter das Lied gebetet, das sie ein Leben lang begleitet hat. Es soll unser Hingabegebet an Jesus heute sein:

So fliehen unsre Tage hin, auch dieser ist nicht mehr;
Die Nacht, der Müden Trösterin, eilt wieder zu uns her.

Herr, du nur bleibest, wie du bist, du schläfst und schlummerst nicht;
Die Finsternis, die uns umschließt, ist deinem Auge Licht.

Dir übergeb ich voll Vertraun mich auch in dieser Nacht;
Und wovor sollte mir denn graun? Mich schützt ja deine Macht.

Hab ich an deiner Gnade nur noch teil, mein Herr und Gott,
so fürcht ich keine Kreatur und scheue nicht den Tod.

Ich eil im Glauben zu dir hin und weiß, wie sicher ich
Im Schatten deiner Flügel bin; du wachest über mich.

Ich lebe dir, ich sterbe dir, dein bin ich auch im Tod;
Du, mein Erretter, bist bei mir und hilfst aus aller Not.

Amen.

Römer 8,38–39

Denn ich bin gewiss, dass weder Tod noch Leben, weder Engel noch Mächte noch Gewalten, weder Gegenwärtiges noch Zukünftiges, weder Hohes noch Tiefes noch eine andere Kreatur uns scheiden kann von der Liebe Gottes, die in Christus Jesus ist, unserm Herrn.

Da müssen wir ganz genau hinhören und hinsehen, liebe Gemeinde, damit wir angesichts solchen Leidens nicht ins Schleudern kommen mit diesem Gotteswort. Da müssen wir viele Missverständnisse und falsche Vertröstungen beiseite rücken, damit wir nicht Schiffbruch erleiden mit unserm Glauben, sei er groß oder klein. Und wir sollen die Augen und die Ohren weit aufmachen, damit es auch in die glaubensleeren und ganz betrübten und mit schweren Gedanken gefüllten Herzen hineinspricht, was uns da von Gott her über uns und über das Leben und Leiden, Sterben und Auferwecktwerden eurer Mutter gesagt wird. Es ist eben da nicht gesagt, wie man mit halbem Ohr hören könnte: die Liebe Gottes hält uns aus allem Leiden, aus Krankheit, aus Not und Tod heraus. Da ist eben nicht gesagt, dass wir durch die Liebe Gottes gleichsam in leidensfreiem und todfreiem Raum aufgehoben wären, gleichsam schon entrückt in den schmerzfreien Himmel. Ihr Lieben: es ist gesagt: die Mächte des Todes, die Gewalten schlimmster Schmerzen, die Tiefen schwerster Todesnot, das kreatürliche Wimmern und Schreien, die Hilflosigkeit und Seelenbekümmernis auch angesichts der da liegenden, schwer leidenden Frau und Mutter – alles das gibt es und gab es bei ihr und wird es vielleicht bei dir und mir auch einmal geben. O, wir wollen uns da nichts vormachen lassen, um dann an völlig falscher Stelle an Gott zu zweifeln! Er hat uns nicht versprochen: ein Christ kommt nicht ins Leiden! Dann wären wir ja keine Geschöpfe mehr, was wir in der Kraft der Jugend und der Frauen- und Mannes-Kraft so gern vergessen,

---

Beerdigung von Luise Quenzer, 59 Jahre, am 28. Januar 1997 in Schillingstadt

verdrängen, als ob wir ewig stark, gesund, unzerbrechlich wären. Dass wir vergessen, dass wir Geschöpfe sind, Gefäße aus Staub und Erde und dass es eben in dieser Gefährdung bald anders sein kann in eines jeden Leben. O, am Krankenbett einer Frau, die so arbeitsam, so still, so fleißig und freundlich war, die wir alle gern hatten – denn ihr wisst ja, meine Bauländer Franken, wenn ihr jemanden gern habt, dann setzt ihr hinten an den Namen dies liebevolle »le«. Sie war eben 's Luisle Quenzer – also da, als sie krank war all die Jahre über, da hätte es uns auch aufgehen können, was denn dieses Gotteswort für sie und für alle bedeutet, die Gottes Kinder sind und in Gottes Liebe sich geborgen glauben. Wir haben es ja bei jedem Besuch an der Wand gegenüber ihrem Bett lesen und ihr – sie sprach ihn mit oder hörte still zu, den Konfirmationsspruch – vorlesen können: »... weder Hohes noch Tiefes noch eine andere Kreatur kann uns scheiden von der Liebe Gottes, die in Christus Jesus ist, unserm Herrn!«

Da müsst ihr anfangen, liebe Gemeinde. All das gibt es, was uns niederdrückt, krank macht, zu Tode bringt. Die Kreatur Tod ist unendlich ideenreich und hinterhältig, wie sie uns vernichten könnte – aber der Tod ist eine Kreatur, wie der Teufel, wie die Krankheiten, die sich unsrer bemächtigen, alles Kreaturen, die in uns, die wir ja auch Geschöpfe sind, nur deshalb so wüten können, weil sie mächtiger sind als wir. Aber sie scheiden uns nicht von der Liebe Gottes. Sie können uns nicht aus Gottes Armen herauszwingen und – ziehen. Sie können uns alle nicht dem ewigen Leben bei Gott und bei Jesus, der sein Leben für uns dahingab, entreißen. Ich will euch eine Geschichte erzählen, die von Martin Luther überliefert ist und mit der er genau dies dann deutlich macht. Er erzählt, dass er einmal bei der Jagd, die sein Kurfürst veranstaltete, dabei sein musste. Und da sieht er, bevor die Jagdhunde es witterten, ein kleines junges Häslein zitternd sich verstecken. Er nimmt es auf und steckt es in die Innentasche seines weiten Jagdrockes. Spürt sein Herzlein ängstlich schlagen. Und die Hunde springen an ihm hoch, haben das Tierlein gewittert. Er wehrt sie ab, doch einer beißt durch den Mantel hindurch das Tierlein tot. Nicht wahr, das ist ein schlimmes Bild. So kommt es ja auch in unsrem Leben vor, bei uns, um uns herum. Geborgen in Gottes Liebesmantel – und doch dringen die Jagdhunde heran. Und unser Herz schlägt und jagt ängstlich und voller Todesangst. Und da gibt es eben diese fürchterlichen Jagdhunde, die sind scheinbar speziell auf uns Menschen und mehr noch auf die Christen abgerichtet, sie zu finden und totzubeißen: diese Jagdhunde

Krankheit, Krebs und Unfall und Schmerz und Schrei und Gewalt in unsern Gebeinen und Gedärmen und in unserm Kopf. Und kein Morphium schützt vor dem tödlichen Biss. Und scheinbar: auch Gott kann nicht schützen, der uns doch geborgen und versteckt hat vor allem Bösen in unsrer Taufe! Ja, ihr Lieben, das hat er. Aber dies ist der Glaube: dass in all dem seine Liebe zu uns nicht wankt und bricht. Dass in all dem das uns umfängt und auch im Todesbiss nicht lässt: seine Liebe, die in Christus Jesus ist, unserm Herrn. Daran gehen die Ohren und die Augen auf und sehen anders. Wer ist der Christus, unser Herr? Es ist der Jesus, der schrie vor Gottverlassenheit, als der Höllenhund ihn am Kreuz anfiel. Schrie: Mein Gott, mein Gott, warum hast du mich verlassen? Diesen Schrei, dies Gebet Jesu, das hört und schiebt es nicht beiseite. Er schreit da unser Leid und unsre Schmerzen und unsre Krankheit hinaus und hinauf in den Himmel, ins Ohr und Herz Gottes, ihn zu rufen, zu rühren, zu bitten, zu fragen. Und er, der Vater – lässt ihn elendiglich sterben am Kreuz. Wo ist da Gottes Liebe? Sie kommt, ihr Lieben, sie kommt und ist auch um uns, wenn wir es nicht zu merken, nicht zu fassen, nicht zu glauben vermögen. Sie ist da. Sie ist der Mantel, der uns bettet, der im Tode schützt, der retten wird ins Leben hinein. Geborgen in Gottes Liebe: Luise Quenzer wird nun nichts mehr, nun aber wirklich gar nichts mehr scheiden von Jesus Christus, ihrem Herrn. Er hat sie lieb gehabt auch in ihrem Leiden. In ihrer Todesnot. In ihren Zweifeln und hat sie lieb gehabt, gerade da und auch da, wo sie nicht mehr konnte und nicht mehr wollte – nur noch sterben. Wo der Tod besser war als die Not und der Schmerz, und der Abschied von ihren Lieben leichter war als noch die Qual zu ertragen dessen, was ein krebskranker Mensch ertragen und durchleiden könnte. Aber Jesus, der am Kreuz sterbende Herr, der sie lieb hat, der sie kennt, der lässt sie und uns nicht.

Oh ja, o ja, wir müssen alle sterben, so sieht es aus. Aber der Tod, den wir Christen sterben müssen, ist unser Gang, unser Engweg, unsre dunkle Schlucht, die zu ihm führt, durch die hindurch er uns geleitet ins ewige Leben. Sie ist nun bei ihm. Mit all denen, die ihn geliebt haben und vor ihr und uns gestorben sind. Bei ihm. In seiner Herrlichkeit. Im Leben. Getröstet euch dessen. Und dessen, dass ihr auch ihm gehört, der euch lieb hat, der euch kennt und bei eurem Namen nennt. Jetzt und dann, wenn niemand mehr irgendein irdisches Rufen und Nennen hören kann, dann hörst du deinen Namen in seinem, des lebendigen Heilandes Jesu Christi, Mund. Und wenn du den hörst, lebst du in Ewigkeit. Amen.

1. Korinther 6,20

Ihr seid teuer erkauft, darum preiset Gott mit eurem Leibe.

Liebe Gemeinde, ist das nicht schrecklich? Ist das nicht unvorstellbar schlimm? Dass da, in diesem Holzkasten, jetzt einer liegt, einer von uns, ein Ehemann, Freund, Bruder, Mitchrist – der auf Erden nie mehr, nie mehr die Augen auftun wird? Der wird nie mehr mit den Seinen lachen und wird nie mehr an der Kirche vorbei sonntagmorgens gegangen kommen und sich in seine Bank an seinen Platz setzen, mit uns zusammen Gottes Wort zu hören, zu singen, zu beten. Ist das nicht schlimm, unausdenkbar: das Sterben, der Tod, das Vergehen?

Und alle Pläne zerrissen. Und alle Wünsche ausgeträumt. Und alle Worte gesagt. Und alle ungesagten Worte nicht mehr hören. – Der Tod. Dass da einer sich auf Weihnachten freut, um am Weihnachtstag in den Gottesdienst zu kommen, auch seinen Männergesangverein zu hören und mit uns zu singen: »Gelobet seist du, Jesus Christ, dass du Mensch geboren bist!« Und: »Das helle Licht scheint da herein und gibt der Welt einen neuen Schein.« Und nun ist es so dunkel. So ausgelöscht. So finster. Auch in unseren Herzen und Gedanken. Denn nicht wahr, liebe Frau Menold, ihr Lieben, so ist es doch: stirbt die Liebe, die um uns und bei uns und für uns war, stirbt der liebste Mensch, dann wird es ganz, ganz elend, so fürchterlich elend. Armselig. Gebrochen. Ihr Lieben, mir geht das doch genauso, denkt doch nicht, weil ich Pfarrer wäre, müsste ich die richtigen, gefälligen, hellen Worte haben. In mir und aus mir habe ich doch auch nur Fragen und Sinnieren und bin auch versehrt in meiner Seele von so vielem schweren Kranksein und Sterben. Und erst, wenn man die Menschen, die ich dann beerdigen soll, geliebt und gerne gehabt hat; die in selbstverständlicher Treue, wie Albert Menold, sich zu den Gottesdiensten der

---

Beerdigung von Albert Menold, 62 Jahre, am 25. Januar 2000 in Schwabhausen

Gemeinde Jesu Christi hier in Schwabhausen hielten. Da, da such ich oft Zuflucht in den Psalmen. Und in der Musik. Und hörte in den letzten Tagen wieder und wieder die Kantate von Johann Sebastian Bach mir an, die heißt: »Die Trauerkantate« mit dem Titel »Gottes Zeit ist die allerbeste Zeit«. Und vorgestern, als ich nachsann, was nur, was nur soll ich meinen Leuten, meiner Gemeinde, euch sagen – da fiel es mir ins Ohr, wurde es mir zugesungen, ein fremdes, von außen kommendes und mich ganz erfüllendes Wort. Da singt der Chor: »Mensch, du musst sterben!« Singt es, langsam, getragen und zugleich an- und eindringend. Was wir ja wissen, aber nicht wahrhaben wollen – sonst lebten wir anders, viele von uns, müssten dann anders leben: »Mensch, du musst sterben!« Ein unerbittliches »Muss«. Eines, das uns hinwegreißt und vor Gott stellen wird. Das uns in sein Gericht bringen wird. Das unser Leben abschließt – und wir können dann nichts mehr, nichts mehr ändern – an unsrer Schuld und an ungesagten lieben Worten und an bösen Gedanken und Worten und Gottesvergessenheit und Glaubensüberdruss, können nichts mehr ändern, an unsrer Gottlosigkeit, wenn das gesungen und gesagt ist: »Mensch, du musst jetzt sterben!«. Das singt der Chor in dieser Trauerkantate.

Und dann schiebt sich, von weit herkommend, wie ein zartes Echo zunächst, schwach und dann immer deutlicher eine andere Melodie in dies Todesurteilswort, schiebt sich drüber und drunter und beherrscht es. Ein Sopran singt hinein ins unerbittliche Müssen und ins Sterben und ins Sterbenmüssen: »Ja, komm, Herr Jesu!« Ja, komm, Herr Jesu. Brich herein in unsre Dunkelheiten und Verzagtheit und Trauer. Komm, komm, wie die Morgenröte sich langsam am Morgen erhebt hinter Schwabhausen nach Osten zu. Und dann den Ort überstrahlt. Ja, ja, Komm, Herr Jesu, komm! Das einzige, was hilft. Die Hoffnung bricht herein ins Todestal. Das einzige, was nottut, wird uns zugesungen, zugesprochen, auch unserem Fragen – diese Bitte. In Ihr Weinen, in Ihre Not, liebe Menolds, dies Rufen. In unsere Vergeblichkeit – der, der hilft. Auch Albert Menold helfen, endgültig helfen wird, ins ewige Leben helfen wird. Jesus. Sein Herr, unser Herr. Jesus Christus.

Da, am Ende dieses Kantatenstückes, als der Chor zum letzten Male wiederholt: »Mensch, du musst sterben«, da schlägt das Herz. Streicher zupfen wie im Herzschlag – langsam, langsamer, dann hört das Schlagen auf. Hört das Herz auf zu schlagen. Und weiter singt nur noch diese helle Sopranstimme, als das Herz schon aufgehört hat zu schlagen: »Ja, komm, Herr Jesu!« Das, ihr Lieben, ist, was bleibt, weiter und weiter nach dem letzten Taktschlag unseres Herzens: Er kommt. Dich zu retten. Zu erlösen. Die Stimme hält an, verschwebt, und dann singt sie weiter, Antwort, Glauben, Hilfe, Trost: »In deine Hände befehle ich meinen Geist. Du hast mich erlöset, Herr, du getreuer Gott.«

Das kann so gesungen werden, auch über dem Sterben und dem Tod und dem Verwehen und Vergehen von Albert Menold, weil das, was ihm vor nicht einmal 50 Jahren hier als Konfirmanden als Lebenswort zugesagt wurde, gilt, ewig gilt: »Ihr seid teuer erkauft!« Der, der ihn erkaufte, der hat diese Worte gebetet an dem Kaufplatz, da sein Blut für uns floss, hat diese Worte gebetet für Albert Menold, für Sie, Frau Menold, für uns – am Kreuz, am Kaufplatz seiner brennenden Liebe. Und wir dürfen sie um seinetwillen für uns gültig nachsprechen: »In deine Hände befehle ich meinen Geist, du hast mich erlöst, du treuer Gott!« Und weil er das gebetet hat, Jesus, am Kreuz, für sich und für uns diese Worte gebetet hat, gilt es, ist es unverbrüchlich wahr, wird es lebensrettend, ewigkeitsgültig: »Ihr seid teuer erkauft.«

Erkauft aus der Gewalt des Todes. Der uns nur stumm macht hier auf Erden, aber keine Macht hat, uns den Mund zu verbieten im ewigen Leben, das uns erwartet. Mit seinem Leben hat Jesus uns erkauft, er starb, damit die Liebe siegt. Die Liebe, die alles gibt, damit niemand verloren sei, ewiglich dem Tode stumm anheimgegeben. O nein: unser Mund wird voll Lachens sein, wie die lachen und nicht aufhören zu reden, die frei gemacht sind für Gott. Deshalb sagt ein Christ zu Recht und sagt es mit großer Zuversicht; und sagt es, weil er weiß: der Jesus vergisst, verlässt, verrät mich nicht. Sagt: Ja, er hat mich zum Leben, zum ewigen erkauft. Ja, ich bin sein, ich gehöre ihm. In seine Hände befehle ich meinen Geist und Leib und Seele und alles, was ich habe. Ja, ja, komm, Herr Jesu. Amen.

Kolosser 1,13–14

Gott der Vater hat uns errettet von der Macht der Finsternis. Und hat uns versetzt in das Reich seines lieben Sohnes, in dem wir die Erlösung haben, nämlich die Vergebung der Sünden.

Liebe Angehörige, liebe erschrockene Gemeinde: Gott lebt! Und wir sind in seinen Händen! Und er hat Gedanken des Friedens über uns und nicht des Leides!

Auch über eure Mutter, die in verdunkeltem – oder klarem, wissen wir es denn? – Sinn und Herzen Gedanken der Finsternis dachte und sich Leides antat. Aber er, unser Gott, hat über sie Gedanken des Friedens. Das ist das eine, einzige, das ganz wahr ist und wahr bleibt und durch keinen Schritt von uns, durch keine traurigen und dunklen und schweren Gedanken ausgelöscht werden kann – auch nicht durch Schuld, auch nicht durch Tod. In ihm sind wir geborgen, geborgen auch in Augenblicken äußerster menschlicher Dunkelheit und tiefer, schier unlösbarer Rätsel über das Ende eines geliebten Menschenlebens. Nichts, aber auch kein noch so unwagbarer Schritt, kann uns scheiden von seiner Liebe.

Das gilt es jetzt zu hören in der Stunde des Leides. Und es gilt nicht zu fragen: Warum hat sie uns das angetan? Nicht den Blick auf die Tote und die Art und Weise ihres Dahingehens richten, sondern, in Zuversicht, auch für eure Mutter, den Blick auf ihn, den lebendigen Gott und Herrn, und das Ohr auf sein Wort richten, das gilt gegen allen Augenschein und alles Sinnlosigkeitsdenken: Er wird's wohl machen.

Grund dafür besteht. Über das Sterben und den Tod und die dunklen und nicht zu fassenden Gedanken hinaus: Grund besteht, liebe Gemeinde, allerbester Grund, denn er hat ihn selbst gelegt:

Der Vater hat uns errettet von der Macht der Finsternis.

Beerdigung von Frieda Sillmann, 71 Jahre, am 29. April 1987 in Sexau

Die greift sicher in unser Leben noch hinein. Griff auch ins Leben eurer Mutter hinein. Finsternis, teuflische Macht: sie versucht immer wieder, uns zu umgarnen und zu verschlingen. Einmal heißt es: »Der Teufel geht herum wie ein brüllender Löwe und sucht, wen er verschlinge!« O ja, liebe Gemeinde, da ist niemand sicher, niemand gefeit. Und er hat viele Namen, mit denen er an uns kommen kann: Depression, Angst vor Krebs, Gerede der Leute, verdammte Horoskope! Er stellt Schlingen, fängt und würgt. Aber im Glauben, ihr Lieben, im Glauben ist er besiegt, denn der hört und hält fest am hellen, klaren, unbezwingbaren: Hat! Gott hat uns errettet von der Macht der Finsternis und hat uns versetzt in das Reich seines lieben Sohnes! Wir sind bei ihm. Niemand, nichts kann uns mehr scheiden von diesem Reich, da die Liebe des Sohnes Gottes regiert, nur noch sie in hellem Gnadenglanz.

Auch ein solcher Tod nicht. Der uns ewig scheiden möchte vom Leben bei Gott. Denn längst schon hat Jesus seinen Besitz angemeldet, seinen unaufhörlichen, ewigen, unumstößlichen Anspruch auf Frieda Sillmann. Längst, seit der Taufe hörbar für alle, ist das öffentlich. Jeder, der getauft ist, darf offen und frei bekennen: Ich gehöre Gott durch seinen Sohn, den Heiland Jesus Christus – wenn das Unheil auch noch so trotzt.

Und doch, ihr Lieben, ist es ein größtes Lebensrätsel, wie man das vergessen kann, wie das verdunkelt werden kann, wie die Finsternis auch ihre Schatten noch ausbreiten kann über solch heller, klarer, eindeutiger Zusage: Ich habe dich erlöst, ich habe dich errettet! Ich habe dich bei deinem Namen gerufen: du bist mein! Das ist wahrlich das Rätsel. Aber auch wieder nicht: denn wir, wir haben das ja nur im Wort. Und im Glauben. Noch nicht im Schauen und vor Augen! So heißt es im Lied, das wir sangen: »Hier leiden wir die größte Not, vor Augen steht der ewig Tod! Ach komm, führ' uns mit starker Hand vom Elend zu dem Vaterland!«

Das, liebe Familien Gutjahr und Boos, liebe Gemeinde, das wollen wir allesamt jetzt ja nicht vergessen. Dass Frau Sillmann doch wohl das durchlitten hat, innen, tief drin in ihr, und die Finsternis hat ihre Sinne und Gedanken so in ihren Bann geschlagen, dass sie nach außen niemandem sich offenbaren konnte, wie es in ihr aussieht, was sie ängstet und bedrückt und in die ausweglose Enge treibt. Und dann hat diese Finsternis noch ein Zeitschriften-Horoskop benutzt, sie scheinbar aufzuklären über den Schritt, den sie sich vorgenommen hatte zu tun.

Welch elendes Verhängnis, welche Mächte über uns gebieten, wenn unsre Sinne verdunkelt sind! Aber wir müssen es jetzt, für sie zu spät, für uns aber jetzt, heute, hier ganz wichtig, lernen:

Der Mensch sieht, was vor Augen ist, Gott aber sieht das Herz an. Hat er, meint ihr, hat der barmherzige Gott das nicht gesehen, dass es für sie da hieß: jetzt leide ich die größte Not? Und hat sie einfach gehen lassen? Ist er solch ein böser Gott? O nein! Meint ihr, er hat ihr Seufzen und Bangen nicht gehört: Ach komm, führ uns mit starker Hand vom Elend zu dem Vaterland? Hat er doch wohl – und hat es durch diesen Tod, den wir »Selbstmord« nennen, getan. Und jetzt ist sie bei ihm, der auf Erden wohl nicht mehr zu helfen war. Wenigstens scheint es so. Bei Gott ist sie nun, ohne Finsternis und Todeswillen, denn bei Gott ist der Tod nicht mehr. Auf seltsamem Weg hat er sie dahin geführt, Gott, sie, die schrieb, dass sie mit ihrer Krankheit seelisch nicht mehr weiter konnte. Und irgend jemand hat ihr ins Ohr geblasen, sie sei unheilbar krank! Welche Schuld wir aber auch auf uns laden durch solche unbedachten, dahergeschwätzten Worte! Aber sie hat euch angeredet: »Meine Lieben!« Und alle Nachbarn lässt sie grüßen auf ihrem letzten Zettel und schreibt: »Es geht alles wieder gut!«

Es ist alles gut, liebe Gemeinde, auch wenn wir es schwer nur oder gar nicht verstehen. Es ist jetzt alles gut: denn auch durch solch einen Tod lässt Gott sich nicht abbringen von seinen Liebes- und Friedensgedanken über uns. Nein, er sorgt sogar dafür, dass uns auch solch ein selbst gewählter Tod, der immer Schuld ist vor ihm, dem treuen Vater, der immer Schuldgefühle wachruft bei denen, die hinterblieben sind – deshalb ist er ja so finster und gar so dunkel, dieser Tod, weil er auch über die andern die Finsternis und Dunkelheit legt und meinen lässt: aus nun nicht wieder gut zu machender Schuld komme man nicht mehr heraus – o, der Tod ist ein kluger, teuflisch kluger Geselle! Aber ihr müsst wissen, liebe Freunde, und ihr sollt es glauben, sollt euch dran halten, dass das über ihrem Leben und Sterben und über eurem Leben mit vielleicht drückenden Schuldgefühlen stehenbleibt: »In ihm haben wir die Erlösung, nämlich die Vergebung unsrer Sünden!«

Das nehmt an. Das glaubt. Wer nicht glaubt, bleibt mit dunklem Herzen und unvergebener Schuld zurück, in dem wird es niemals wieder richtig hell und warm. Der macht sich immer wieder Gedanken des Unfriedens und des Leides. Jesus ist die Versöhnung für unsere Sünden.

Ostern war gerade vorbei, als sie starb. Ostern, liebe Gemeinde: der Sieg Jesu über die Mächte der Finsternis, der Sünde, des Todes und jeden Horoskopes und Aberglaubens. Ostern, da hat er auf uns alle sein Recht gewonnen, da hat er uns gerettet vor dem ewigen Tod, da siegt seine Liebe über unsere dunklen und sündigen und schuldigen Wege, die wir gehen. So glaubt dem Wort des auferstandenen Jesus Christus. Jemand anders hilft nicht, alle anderen Worte als seine sind Vertröstungen und trügende Brücken. Ja, hört ihn, wie er spricht, zugunsten eurer Mutter, und euch hier zuruft das, was wir am Ostermorgen hier auf dem Friedhof frühmorgens uns zurufen ließen: »Gott ist nicht ein Gott der Toten, sondern der Lebenden. Denn ihm leben sie alle.« Alle: dann auch sie, eure Mutter und wir auch. Und sollen jetzt schon ein Leben leben, das sich vom Tod nicht verwirren lässt und auf böse Wege leiten lässt. Wenn wir das mit uns nehmen, dann wird uns als letzte Klarheit geschenkt, dass auch dieses so schwer zu ertragende Leben und sicher der so schwer gefahrene Todesweg, den sie zurücklegte, nicht ein unversöhntes, ungelöstes Rätsel für euch und uns ist und bleibt.

Dort, bei ihm, dem auferstandenen Herrn und Heiland Jesus Christus, dort sind sie alle gelöst, die Rätsel, die wir hier nicht lösen können und deshalb eben auch nicht grübelnd lösen sollen; dort sind sie endgültig vergeben, unsere Sünden und unsre Schuld ist hinweggetan, dort ist überwunden Krankheit und Tod und die Angst davor. Dort dürfen wir, dort werden wir endlich leben in innigster Gemeinschaft mit dem Herrn und in Frieden miteinander. Und dann werden wir das getan haben, was wir jetzt vielleicht nur zögernd singen und worin wir nur schweren Herzens meinen einstimmen zu können, aber wir tun es, weil es schon der Anfang der unvergänglichen gottesgewissen Freude in unsren Herzen ist:

Ich empfehl' mich deinen Händen,
Vater, voll Zufriedenheit.
Jede Klage wird sich enden,
jeder Schmerz wird Seligkeit.
Kann ich von des Himmels Höh'n
einst mein Schicksal überseh'n,
o, dann sprech' ich tief gerührt:
Selig hast du mich geführt!

Amen.

1. Timotheus 4,8

Die Gottseligkeit ist zu allen Dingen nütze und hat die Verheißung dieses und des zukünftigen Lebens.

Natürlich, liebe Gemeinde, natürlich ist der Name August Ehrly für zukünftige Zeiten verbunden mit Schwabhausen und mit dem Streit um die Teststrecke, die das Dorf an den Rand des Zerbruchs brachte. Und es wäre unklug, von mir zu verlangen, das nicht zu erwähnen. Er war vorne dran. Das hat ihn für den kurzen Rest seines Lebens geprägt. Das hat jedes Gespräch dominiert, das andere oder ich mit ihm führten. Wie die Kriegszeit. Und beides hängt ganz eng miteinander und mit der Seele und den Wunden und dem Frommsein des August Ehrly zusammen.

Nun ist Schwabhausen um diese markante Gestalt ärmer geworden, die ihr alle auf eure Weise kennt: eckig und dickköpfig, hart im Geben – aber tief drinnen ein ganz weicher, verletzlicher Kern. Wer den nicht hat, nicht wahr, der ist kein Mann, keine Frau. Sondern ein Roboter. Der Kern. »Kernig« sagt man von Leuten, die unverwechselbar, gar nicht schwammig und auf keine Weise solche sind, die ihr Mäntelchen nach jedem Wind hängen. Denen pfeift der Wind meist ins Gesicht. »Kernig« sagt man, wenn es um die innere Mitte eines Menschen geht, nach der wir ihn beurteilen. Es ist eine Mitte, die uns zur Persönlichkeit macht, um die gerungen wird, die in uns strahlt. Die Mitte, um die herum wir leben und sterben. Aber nun gilt: mag diese Mitte, dieser Kern auch noch so heftig und deftig und ausdrucksstark sein – es ist nicht die Lebensmitte, nicht das, was dich leben und selig sterben lässt. Sein Konfirmationsspruch sagt eben nicht: das ist die selbst geschaffene, erworbene, gestärkte Mitte im Menschen, die bleibt, sondern das ist Gott, das ist Jesus Christus in der Mitte, in deinem Herzen, in dir,

---

Beerdigung von August Ehrly, 71 Jahre, am 28. Januar 1996 in Schwabhausen

Jesus Christus, der dich prägt und der aus dir strahlt – darauf kommt es an, damit du nicht im Staube blind und mittelos wirst und ewig bleibst. Unsere so gern und stark gepflegte kernige Mitte vergeht im Gericht Gottes, wenn sie nicht ummantelt, ja gehärtet und gereinigt ist durch Jesus Christus. Er ist die Mitte unsres Lebens. Um die sich alles dreht, auch das, was sich so in deinem Leben zu drehen und zu winden und still zu stehen und abzubrechen droht und scheint. Denn, liebe Freunde, es geht ja zuletzt immer, immer um Vergangenheit und Zukunft. Und dass die Zukunft unsres Lebens gewährleistet ist allein durch die Vergebung all dessen, was in unsrer Vergangenheit sich an Schuld und Not und elender Rechthaberei und Menschenverachtung angesammelt hat. Das allein »hat die Verheißung dieses und des zukünftigen Lebens«.

Und nun heißt Vergangenheit im Leben des August Ehrly: es gibt keine Gelegenheit mehr, Ungesagtes zu sagen, Vergebung auszusprechen und zu erbitten, Worte rückgängig zu machen, Verletzungen zu heilen. Weder die, die er andern, noch die, die andere ihm zugefügt haben. Und es waren viele. Jetzt gibt es nur noch das Wiedersehen vor Gottes Jüngstem und endgültigem Gericht, wo alles Richten und Urteilen dieser Welt gewogen wird und Gott allein Recht spricht, ohne dass es noch eine Berufungsinstanz gäbe, vor der man dann letzten Endes gegen Gott Recht bekäme.

Das muss man wissen, wenn man etwas von der Gottseligkeit verstehen will, die in seinem Konfirmationsspruch als überaus nützlich und zukunftsträchtig benannt und bekannt wird. Und zur Gottseligkeit ist zu sagen, dass die ohne Ansehen der Person uns geschenkt wird. Da kannst du eine herausragende Persönlichkeit in deinem Dorf sein, Bauer aus altem Geschlecht, in deinem Dorf die Geschicke vordergründig mitlenken und mitbestimmen oder im Hintergrund des Dorfgeschehens dein Leben leben. Gott schenkt dir diese Seligkeit, auf die alles ankommt, umsonst, gnädig und um Jesu willen. Und wenn man von daher etwas zu einem verstorbenen Menschen bemerkt, dann doch nur, dass wir Christen wissen: das ist das Vorletzte; das Letzte ist: die Zukunft, die denen gehört, die glauben, die auf Gottes Gericht zugehen und nur eines noch wissen: Jesus Christus ist mein einziger Trost, meine Zuflucht und mein Glück im Leben und im Sterben.

Nun denn, das war dem August Ehrly, wie vielleicht einer ganzen Reihe von euch, manchmal verdeckt. Nicht, weil er unbedingt und auf Teufel komm raus Recht haben musste – es ging ihm wohl um das, was seine Großtante und seine Großmutter und Mutter ihm einprägten. Und ihr wisst, wie wir alle in der Kindheit geprägt werden: Sei treu! Sei wahr! Stelle dich nie über jemanden. Hilf den Benachteiligten. Und er war ein stolzer Bauer. Stolz auf diesen in seinen Augen und historisch nachweisbar, gerade in unserem Bauland und Jagst- und Taubertal, betrogenen, geschlagenen, unterdrückten, verkauften Bauernstand. Auf der Seite derer, für die man einstehen musste. Und wenn er etwas hasste, war es Unrecht, wie er es wahrnahm, wohlgemerkt, Unrecht in seinen Augen. Dass er dann auch andern Unrecht zufügen konnte, blieb ihm vielleicht verborgen. Gott wird es aufdecken, nicht wir. Der weiche Kern. Den man nicht zeigt. Aber der einen prägt. Und da leidet man ganz tief und schwer an all dem, was geschieht und geschehen ist. Die Gottseligkeit, die uns geschenkt wird, damit wir im Gericht bestehen, das ist der wahre Kern unsrer Existenz.

Das Sterben seines Enkelsohnes David. Das Leiden dieses starken, oft starrsinnigen Mannes, da, am Sarg des Kindes, vor knapp einem halben Jahr. Gibt es Hinweise Gottes für uns? Gewiss doch. Fingerzeige. In seinem Wort und dem, was wir Zufall nennen und oft nur von außen entdecken. Dieser Lebensspruch des Ehepaares Ehrly, Lebenswort, Ihnen Frau Ehrly, auch damals bei der Konfirmation im Allgäu und ihm hier in Schwabhausen gleichermaßen gegeben. Und, was ich gestern erst beim Durchblättern der Kirchenbücher entdeckte: ich habe dem David, seinem Enkel, dasselbe Jesuswort nachgerufen zum ewigen Leben, wie es Augusts Schwester Lina erhielt, 17 Tage vor seiner Geburt gestorben. Und ihr Lieben, vielleicht ist das das Geheimnis unsres Lebens vor Gott, dass die Kinder uns wieder zu dem rufen, der uns alle ruft, laut und deutlich: »Lasset die Kinder zu mir kommen und wehret ihnen nicht, denn ihnen gehört das Reich Gottes«.

Im Kern ein Kind, ein liebebedürftiges, verletzliches, trotziges, hilfloses Kind – mit rauer Schale, harten Worten oft, zornigen Ausbrüchen und unbändigem Stolz, der Mann August Ehrly, tief leidend am eigenen und fremden Unvermögen, gerecht sein zu können. Nun im Sarg. Nun still. Nun ausgelebt sein Leben. Nun nur noch: vor Gott. Und da zählt: allein die Gnade, allein der Glaube, allein Jesus Christus, der uns das schenkt und zueignet, ohne jedes Verdienst. Da sind wir wahrlich alle gleich, all die, die hier heute versammelt sind, mit ihm lebten und kämpften, mit ihm stritten und ihm aus dem Weg gingen, ihn liebten und erduldeten: alle gleich. Was jetzt zählt, im zukünftigen, ewigen Leben, das bekommt man nur noch geschenkt, die

Kinder Lina Ehrly vor vielen Jahren, David Ehrly vor noch nicht einem Jahr und der Vater und die Mutter und ihr, die Kinder:

Gottes Gnade für uns und in uns, damit wir in Gottseligkeit leben und sterben. Amen.

2. Timotheus 3,14

Du aber bleibe bei dem, was du gelernt hast und was dir anvertraut ist.

Lied vor der Predigt: Machs mit mir, Gott, ... EG 525,1–4

Mit diesem Lied, liebe Frau Knörzer, liebe Gemeinde, mit diesem Lied sind wir beim Kern und Stern seines Konfirmationsspruches, den wir nun miteinander bedenken wollen uns zum Trost und Segen und zeitlichem und ewigen Heil: »Du aber bleibe bei dem, was du gelernt hast und was dir anvertraut ist.«

Und sogleich sagen wir es, das, was ihm und euch allen, wenn ihr konfirmiert und Christen geblieben seid, anvertraut ist, was ihr gelernt habt, um es zu behalten für euch, wenn ihr es nötig habt:

»An dir, o Herr, ich Rettung findt,
ich tröst mich deiner Gnaden.«

Und

»Ach du bist doch von mir nicht fern,
wenn ich gleich hier muss sterben.«

Und

»Dein einger Sohn aus Lieb und Huld
für mich bezahlt hat alle Schuld.«

Lauter kurze, fein reimende, gut zu behaltende Lebenssätze. Auswendig, im Herzen, hat Otto Knörzer sie damals im Konfirmandenunterricht gelernt. Doch auch von seinen Eltern und fortan im Gottesdienst,

---

Beerdigung von Otto Knörzer, 79 Jahre, am 2.4.1998 in Schwabhausen

den er hier in treuer Stetigkeit besuchte, auch dann, man konnte es fast nicht fassen, dass er, sich festhaltend und abstützend und tief, tief Atem holend, alle Sonntag morgen hier herauf kam, dem doch der kleine Weg vom Parkplatz zur Kirchentür schon solche Beschwer bereitete. Gelernt hat er also: die Treue zu seinem Gott. Die Gewöhnung an den Gott, der nun auch nicht fern von ihm war, als er einschlief ohne Todeskampf, aber nach langem, regelrechtem Siechtum in den letzten Wochen. Ihr Lieben: War es das, was ihn so treu zur Gemeinde in den Gottesdienst führte, dies: »Gern will ich folgen, liebster Herr, du lässt mich nicht verderben«? Was wir alle gelernt haben, wenn wir denn auch nur ein weniges, Elementares behalten haben als Christen, wenige Worte, die aber, aus dem ewigen Leben kommend, uns halten, tragen und führen ins ewige Leben hinein.

Nun könnte man auch sagen, und ich denke, es sind nicht wenige hier, die beim Verlesen des Konfirmationsspruches dies gedacht haben: Ja, das stimmt, er war ein guter Handwerker, er hat gezeigt, was er gelernt hat, er hat behalten, was ihm in seinem Handwerk anvertraut war von der Lehrzeit an in Geschick und Kunst des Schmiedehandwerkes – und er hat es für uns ja zweimal auch bewiesen. Als er diese alte »Pestkrone« restaurierte und als er das Abendmahlsgerät herstellte für die Hausabendmahle. Wer behalten hat, was er gelernt hat als guter Handwerker, der bleibt auch in der Erinnerung durch das, was er gemacht hat. Und er hat das, was er erlernt hatte, als Meister weitergegeben an seine Gesellen und an seinen Sohn Friedrich.

Das ist, liebe Brüder und Schwestern, Sinnbild für das, um was es in unserem Leben zutiefst geht. Meister werden im Glauben? Das geht nicht. Da bleiben wir immer Lernende, Lehrlinge, die immer wieder anfangen, die wie er durch Verlust und schwere Zeiten hindurchmüssen, oft, der eine Tochter elendiglich zugrunde gehen sah an der Krankheit, die viele, viele ängstigt und vor der wir alle innerlich auf der Flucht sind, dem Krebs. Der eine Enkeltochter, kurz nachdem sie das Licht der Welt erblicken durfte, in die Todesgruft der Finsternis der Welt legen musste. Ja, im Leben bleiben wir alle Lehrlinge im Glauben, da ist nur einer unser Meister. Da muss jedesmal neu gelernt werden: »Ich tröst mich deiner Gnaden!« Da mag man gar wegwerfen, was man gelernt hat vom lieben Gott – aber es kommt alles darauf an, dass du dran festhältst, wenn dir Gott fremd, gefährlich, hart und gemein erscheint in dem, was er dir nicht gibt oder was er gibt und nimmt.

Behalte, bleibe bei dem, was dir anvertraut ist; halte fest am Allerwichtigsten in deinem Leben, bleibe bei dem, der bleibt – darum geht es, ihr Lieben. Auch für euch, die ihr jetzt euren Vater ins Grab legen müsst. Auch für euch, von denen es in dem Lied heißt: »... verlassen meine liebsten Freund, die's mit mir herzlich gut gemeint ...« Und wer damit gemeint ist, der weiß es, auch der Freund, der dies Lied für ihn ausgesucht hat. Aber mehr noch: Verbunden sind wir allesamt mit ihm auch im Gedenken daran: dass er uns etwas wiederherstellte, was bleibt, was ihr vor Augen habt: diese Krone. Die wir ja die »Krone des Lebens« nennen in dieser Kirche, nicht mehr »Pestkrone«, wie sie hieß, als sie gebraucht wurde in der schweren Pestzeit vor Jahrhunderten, da unser Dorf beinahe bis auf den letzten Menschen ausgestorben wäre. Krone des Lebens, weil wir es gelernt haben und fest dran halten im Glauben, hier, im Gottesdienst der Gemeinde des lebendigen Herrn Jesus Christus, hier wird Leben verkündet, ewiges Leben verheißen, Ewigkeit für die vergängliche Zeit zugesagt und in der Not der Lebenszeit angesagt, hier werden wahrlich Krönungen erwartet: »Wenn jemand auch kämpft, wird er doch nicht gekrönt, er kämpfe denn recht!« – Recht Kämpfen aber ist, sich von Christus trösten lassen. Recht Kämpfen ist, auch im Verzagen nicht von ihm lassen, auch im Sterben von ihm nicht fern sein müssen, auch im Tod seinen Ruf erwarten, der sagt: »Ich lebe, ihr sollt auch leben!«

So legen wir ihn ins Grab, Otto Knörzer, Meister seines Handwerks und Lehrling an der Hand seines Gottes. Legen ihn ins Grab und lassen uns sagen: Du aber, halte, bleibe bei dem, was du gelernt hast. Und schauen auf die Lebenskrone, die er uns restaurierte, die der lebendige Gott und Christus der Heiland denen geben wird, die ihm treu sind. Und die Gott nicht wegen dem, was sie geleistet, gewerkelt und geschafft haben, krönt, sondern weil sie's glaubten bis an den Tod: »Dein ein'ger Sohn aus Lieb und Huld für mich bezahlt hat alle Schuld.« Amen.

Hebräer 10,23 und Sprüche 16,9

Lasset uns festhalten am Bekenntnis der Hoffnung und nicht wanken. Denn er ist treu, der sie verheißen hat. (Hebräer)

Des Menschen Herz erdenkt sich seinen Weg, aber der Herr allein lenkt seinen Schritt. (Sprüche)

Liebe Gemeinde, als dem Ehepaar Wilhelm und Hilda Ohnsmann dies Wort als Trauspruch mit auf ihren gemeinsamen Lebensweg gegeben wurde, da waren sie schon manche Wege gegangen, hatten manche Schritte getan, die gefährlich, unverständlich, ganz dornig und schwer waren, die sie an Gräber geführt hatten. Wilhelm Ohnsmann hatte seine Frau Frieda verloren, 1950 hatten sie geheiratet, 1956 wurde sie beerdigt; Pfarrer Daum zählt im Totenbuch der Schillingstädter auch die Tage ihres Alters: 45 Jahre, 3 Monate, 16 Tage! Mit dem Wort aus Daniel 4,32 beerdigte er sie am 19. November 1956: »Gott macht es, wie er will, mit den Mächten im Himmel und denen, die auf Erden wohnen. Und niemand kann seiner Hand wehren noch zu ihm sagen: was machst du da?«

Und sie selber, Hilda Ohnsmann, hatte ihre Mutter Elise ganz früh verloren, da steht im Totenbuch auch, von Pfarrer Wilhelm Engelhardt eingetragen: 44 Jahre, 1 Monat, 13 Tage. Dazu: Psalm 31,15+16: »Ich aber Herr, hoffe auf dich und spreche: du bist mein Gott. Meine Zeit steht in deinen Händen!«

Ja, ihr Lieben: Mit was für einem Gott haben wir doch oft zu tun, allmächtig, unerbittlich, sein Wille dunkel für uns, und unsere Wege auch. Ihr Leben war wie das ihres Mannes von Anfang an von Toten umstellt. Umstellt von der Mauer der Fragen, die wir stellen. Bedenkt nur, Tode, die gestorben wurden und werden in unserem Ort. Und die

---

Beerdigung von Hilda Ohnsmann, 84 Jahre, am 5. April 1997 in Schillingstadt

haben sie auch fromm gemacht. Sie hat nie vergessen – hinter dem »Was machst du da?« und »Meine Zeit steht in deinen Händen« und »Aber der Herr allein lenkt seinen Schritt« –, sie hat nie vergessen, hinter diesen Gottesworten, die Gottes unanfechtbare und rätselhafte Allmacht über allem Leben bedenken und anbeten: den Gott zu sehen, zu dem sie betete, zu dem sie redete, dessen Wort sie hörte und den sie mit der Gemeinde Jesu Christi hier in Schillingstadt Sonntag für Sonntag vertrauensvoll als den Gott der Liebe lobte und ehrte. Das ist ihre Rettung. Wer Gott vertraut, hat wohl gebaut im Himmel und auf Erden. Und sie hat auf Gottes und Jesu Christi Liebe geantwortet mit Vertrauen und Glauben, mit Liebe und Freundlichkeit und Güte zu den Menschen um sie herum.

Nicht wahr, es ist doch so: Wir werden sie noch oft sehen, im Geiste, wie sie da, in ihrer blauen Strickjacke über den Kirchplatz geht. Immer etwas in der Hand: den Schubkarren oder eine Tasche oder eine Hacke oder einen Korb. Immer hervorlächelnd unter ihrem weißen Haarschopf, hochblickend, und die Augen lächeln.

Und wenn ein besonderes Fest war, erkannte man das schon an ihren wunderschön frisierten und gelockten weißen Haaren – in Ehren, wirklich in Ehren ergraut war diese Frau, unsere Nachbarin und Freundin. Ja, sie hatte das gelernt, denke ich, in ihrem Leben: Der Mensch denkt, aber Gott lenkt. Das war aber nicht schicksalsergeben und fatalistisch für sie, sondern es war ihr Glaube, der sie fröhlich und gewiss ihre Wege gehen ließ. Wir wissen oft nicht, wohin die Wege gehen, die wir gehen müssen, aber sie wusste: wir werden geführt. Von einem, der uns lieb hat, der uns kennt, der in tiefste Tiefen gegangen ist, Jesus. Bis zum Tode am Kreuz ging er, zum Sterben für uns, damit wir leben und wissen und glauben: Von dieser Liebe, die so tief sich zu uns neigt, kann uns niemand scheiden, kein Tod und kein Alter und keine Gebrechlichkeit und Vergesslichkeit. Sie ist unverbrüchlich. Daraus kann man dann, hat man das fest als Schatz in sich, leben, gütig und rührig.

Wisst ihr, was das Wort »herzensgut« meint? Das meint: die Güte dieser Frau war nicht an der Oberfläche, sie war tief im Herzen gegründet. Sie war denen, die um sie waren, aus tiefstem Herzen zugetan. Die Kinder wissen das. Wir wissen das auch. Ihre Schwägerin schrieb für mich auf, was so viele hier auch denken und gesagt haben bei der Nachricht von ihrem Sterben: »Sie war zu jedem freundlich und auch sehr freigebig und bei allen beliebt. Sie arbeitete auf dem

Feld und im Wald und besonders gerne im Garten und liebte die Blumen.«

Und wir setzen nun hinzu: und sie war tief im Herzen gottesfürchtig und gläubig. Natürlich kann niemand, gerade nicht der Pfarrer, in eines Menschen Herz schauen: das tut Gott allein. Aber wir Menschen können es sehr wohl spüren und merken, aus welchen Quellen sich solche Herzensgüte und Freundlichkeit speist, dies Sorgen um Mann und Haus und Hof. Diese Treue im Gehen zum Gottesdienst. Dies unverbrüchliche Festhalten am Abendmahl. Dies Hinhalten der Hand, die so freigebig war, damit sie, offen, hineingelegt bekommt, wovon wir alle leben. Zuletzt geschah es am Gründonnerstag: Brot und Wein, Leib und Blut Christi, ihres Heilandes und Erlösers, für sie gegeben und vergossen, damit sie nun lebt in Ewigkeit. Die katholischen Christen schreiben wohl und sagen wohl: Sie oder er starb, wohl versehen mit den Sakramenten der Kirche. So könnte es auch bei ihr stehen. Wohl versehen mit der Liebe ihres Herrn Jesus Christus. Wer ihm vertraut, hat wohl gebaut im Himmel und auf Erden.

Und jetzt, ihr Lieben, habe ich nichts anderes getan, als mit ihrem Leben den Vers auszulegen, der sie seit Judika 1927 begleitet hat, ihren Konfirmationsspruch. Denn darin geht es genau um die Frage, woran sich der Mensch denn fest halten kann in allen Stürmen und schweren Stunden und Tagen? Um die Frage geht es, wozu du denn auf Erden bist, und darum, dass es darauf ankommt, dass du fromm und gläubig lebst auf Erden, weil du sonst im Gericht Gottes, das auf uns wartet, nicht bestehen kannst, vergehen wirst, lieber Mensch. Damit du selig sterben kannst, sterben, wie es ihr vergönnt wurde: Das Haupt zu neigen, ein wenig zur Seite zu fallen und in die Arme des Mannes zu gleiten, mit dem sie ihr Leben und alle Lasten geteilt hat – wenn du so schnell und leicht stirbst, dann musst du es vorher wissen: Was ist dein einziger Trost im Leben und im Sterben? Und unser Trost jetzt, bei den vielen Sterbe- und Krankheitsnöten, die uns Schillingstädter in diesem Jahr ergriffen haben: – ja, was ist unsere Hilfe und Zuflucht, ihr Lieben?

Ihr Leben hat es gezeigt, dass sie baute auf Jesus und seine Liebe zu ihr. Sie ist am Ziel. Bei Gott. Da, wo ihr Konfirmationsspruch nun eingelöst wird. Jetzt sieht sie mit neuen Augen, dass Gottes Wort, auf das sie gebaut und getraut hat, nicht wankt, dass er seine Verheißungen wunderbar erfüllt, über all unser Bitten und Verstehen hinaus erfüllt an uns.

So lasst uns denn festhalten am Bekenntnis der Hoffnung und nicht wanken. Amen.

Hebräer 12,2

Lasset uns aufsehen auf Jesus, den Anfänger und Vollender des Glaubens.

Dann lasst uns das auch tun und jetzt nicht zögern, wenn wir aufgefordert werden, liebe Frau Menold, liebe Kinder und Enkeltöchter, liebe Schwester Erna und Anverwandte, lasst uns das tun, ihr Freunde und Genossen, liebe Gemeinde: jetzt, es muss wohl ganz und gar lebenswichtig sein: *Lasset uns aufsehen auf Jesus!*

Also nicht auf den Sarg und den, der darin liegt und seiner Auferweckung – nicht seiner Verwesung! – entgegenschläft. Nicht ins Grab, dahinein wir ihn nachher versenken werden; sondern auf den lasst uns schauen, der auferstand aus dem Grabe, damit wir auch auferstehen werden am Jüngsten Tage. *Lasset uns aufsehen auf Jesus!*

Drin, in unsrer Sakristei hängt ein Bild von Fra Angelico, einem der großen Maler des 15. Jahrhunderts. Der hat eins von vielen Fresken an die Wände der Klosterzellen seines Klosters San Marco in Florenz gemalt: Ostermorgen.

Ein Grab, tief schwarz das Grabesloch. Maria schaut hinein, wie wir's auch tun. Über dem Grab in einer Gloriole mit der Siegesfahne, gleichsam in ihrem Rücken: der auferstandene Jesus Christus. Und am Grabesrand ein Engel, mit steil aufgerichtetem nach oben weisendem und pfeilendem Finger zeigt er zu den Auferstandenen hinauf: Aufsehen! Da ist Er, euer Heil und euer Heiland. Das wollen wir jetzt auch tun. Warum?

Weil jetzt niemand und nichts mehr hilft, unserem Freund und Bruder nicht, vom Tode gerissen und stumm gemacht. Und uns auch nicht, tief traurig, etwas ungläubig noch, ob es wirklich wahr sei – aber es ist wahr, Kurt Menold aus Schwabhausen und über Schwabhausens Grenzen

---

Beerdigung von Kurt Menold, 71 Jahre, am 22. Juli 2001 in Schwabhausen

hinaus weit bekannt und beliebt und auch ein wenig gefürchtet, er ist tot. Uns und ihm hilft, wenn der Tod da ist, nichts und niemand. Nur Jesus. Der einzige, der uns aus dem Tode erwecken wird.

Und ihr Lieben, ihr wisst es ja tief drinnen alle: uns helfen auch nicht die Taten und Werke und Auszeichnungen und Orden, die uns beigegeben werden aufgrund unsrer Verdienste in der Gesellschaft. Helfen auch nicht, den Tod zu besiegen. Helfen nicht, nicht krank zu werden. Und, ihr Lieben: helfen nicht im Gericht, das auf uns alle, auch auf ihn, wartet. Helfen nicht in Gottes Gericht, in dem er allein entscheiden und also allein die Gnade siegen wird.

Was also hilft uns? Jetzt? Und in der Stunde unsres Todes. Und durch den Tod hindurch ins Leben? Nur das: ob du diesem Fingerzeig des Engels und ob Du meinen Worten jetzt im Gottesdienst gefolgt bist: Aufsehen auf Jesus! Ihn fest im Blick haben. Ihm vertrauen. Ihm gehören und gehorchen wollen in allen Gedanken, Worten und Werken.

Würden wir das nicht sagen, nicht annehmen und glauben – dann wäre sein Christsein und sein zur Kirche sich halten leer und umsonst. Da hat er es erfahren, was an ihm in der Taufe geschah: Jesus hat da seinen Glauben angefangen, in den Kurt Menold dann hineinwuchs. Und Jesus hat seinen Glauben nun vollendet, den er durch seine Lebenszeit hindurch halten, gewiss auch unter Zweifeln, gewiss auch auf seine Art, gewiss auch mit großem Engagement in kirchlichen Dingen (denn wo Kurt Menold mitmachte, da war er engagiert bis zur Erschöpfung, nicht wahr, wissen wir alle) – Jesus hat seinen Glauben nun vollendet, denn jetzt mündet Glauben in Schauen. Der Tod des Christen mündet eben nicht in schwarzer Nichtsnacht, sondern im Schauen dessen, dem er vertraut, geglaubt, zu dem er aufgesehen hat: Jesus. Überhaupt mündet kein Tod in schwarzer Nichtsnacht – du siehst immer das, woran du geglaubt hast, es kommt nur darauf an, dass du Gott siehst und sehen darfst, nun, am Anfang, *nach* deinem irdischen Ende!

Und ihr Lieben: Aufsehen auf Jesus, das wollen wir auch deshalb, weil es von ihm heißt: »Welcher, da er wohl hätte können Freude haben, erduldete das Kreuz und achtete der Schande nicht.« Und anderswo im Hebräerbrief:

Daher musste er in allen Dingen seinen Brüdern gleich werden; auf dass er barmherzig würde; denn worin er selber gelitten hat und versucht ist; kann er denen helfen; die versucht werden!

(Hebräer 2,17f)

Und Jesus ist wahrlich versucht worden! Und hat wahrhaftig gelitten bis zum letzten Atemzug am Kreuz. Und hat wirklich und wahrhaftig der Schande nicht geachtet, am Kreuz aufgehenkt zu werden und Qualen zu erleiden – er der Sohn Gottes, der wahrlich ganz anders gekonnt hätte! Hat es nicht getan, damit er uns in unsren Leiden ganz nahe ist.

Damit er Sie, liebe Menolds, in Ihrer tiefen Trauer versteht und nicht verlässt und fallen lässt. Damit er die Freunde versteht, die um einen guten, ehrlichen, hilfsbereiten Freund trauern. Denn er weiß wirklich was Freundschaft ist, mehr als wir es je lernen können; er ließ sein Leben für seine Freunde und Feinde, um uns mit Gott zu versöhnen und uns alle ins ewige Leben zu retten. Zu dem sollen wir aufsehen!

Tut ja jeder, der das weiß, nicht wahr! An dem muss man hinaufsehen! Der ist wichtig und wahrhaftig und allein verehrenswert. Der Jesus. Und er litt das durch, damit der Krebs und die Todesangst und die Trennungstrauer und der Schmerz über den, der unwiederbringlich hinweg ist aus diesem Leben, uns nicht zerreißt, sondern Schmerz und Leiden und Todesangst sind aufgenommen in das Tun Gottes, der unsere Tränen trocknen wird und uns trösten wird, wie einen seine Mutter tröstet.

Aufsehen auf Jesus: Den Tod nicht ernst nehmen, weil er todernst ist.

Aufsehen auf Jesus: Das Leben ernst nehmen, weil er es geschenkt hat und uns Gaben gegeben hat, dem Nächsten und dem Gemeinwesen, in dem wir leben, in Güte und Wahrhaftigkeit und Gerechtigkeit, soviel an uns ist, zu dienen.

Das allerdings hat, nach menschlichem Urteil, Kurt Menold getan. Das ist sein irdisches Verdienst. Und schickte es sich, in einer Predigt das zu sagen, sagte ich: Er hat sich irdisch gerechnet und wahrhaftig um unseren Ort und um die Kirche im Ort und um uns verdient gemacht – um uns: als Vorbild. Wie oft habe ich ihn bei Baufragen gebeten, zu raten und zu helfen! Er war vorbildlich im Ja-Sagen und es dann auch Tun. Ihm sei Dank.

Das kommt, so behaupte ich, weil da einer die Gaben, die ihm Gott gab, für die andern einsetzte.

Es gehört wohl zum Weg des Glaubens eines Christen dazu, zu dem Weg, an dessen Ende es heißt: im Glauben vollendet.

Aber ein Menschenleben wirklich vollenden, das tut allein Jesus, sein Herr und euer aller Herr.

Aufschauen auf Jesus: ihr Lieben: lasst euch das befehlen! Es ist der Blick, der euer Leben hell und rein und heil macht: schaut auf Jesus, schaut zu ihm auf, wie Kinder aufschauen zur Mutter, die tröstet, und zum Vater, der hilft.

Aufschauen: den Gekreuzigten, dessen Symbol hier unübersehbar in der Kirche steht – und das er ja bei der vorletzten Renovierung mit hineingestellt hat. Und aufschauen auf den Spruch des Herrn des Lebens: »Ich lebe und ihr sollt auch leben« – diese Lebensbuchstaben hat er auch damals mit montiert, damit wir sie immer vor Augen haben und sie aus den Augen ins Herz hinein sich graben.

Und ihr sollt es nun nachbuchstabieren, durch Tränen und durch Kummer und in tief verwundeter Freundschaftsnot:

»Ich lebe«, sagt Jesus, »und ihr sollt auch leben! Euer Glaube ist der Sieg, der die Welt, den Tod, das Grab schon überwunden hat. Auf, seht auf mich Ihr sollt auch leben.« Amen.

Hebräer 13,9

Es ist ein köstlich Ding, dass das Herz fest werde, welches geschieht durch Gnade.

Ach, ihr Lieben, durch was alles versuchen wir nicht, unser Herz zu befestigen, damit wir nicht weichen und wanken? Dem Herz einen Halt zu geben, das heißt ja: dem innersten Kern, das was uns ausmacht, Festigkeit zu verleihen, fest zu machen, stark zu machen. Nicht Stärke markieren und vorspielen nach außen – und innen in uns ist es hohl und leer. O, Ihr Lieben: Und kommt unser Innerstes nicht dann spätestens ins Wanken, wenn wir solche Nachricht hören: Gerda Herrmann ist gestorben, mit 43 Jahren!? Da ist man doch völlig erschrocken und durcheinander, betroffen, und es ersteht diese Frage unausweichlich: warum sie, hätte nicht genau so gut ich da liegen können? Tot. So, bei solch frühem Tod, da merkt man und ahnt man, was das für eine fürchterliche Sache ist, wenn über dich gesagt wird: tot! Denn dann ist gar nichts mehr rückgängig zu machen. Mit dem Tod ist alles, was nicht gesagt und getan wurde an einem Menschen, nicht mehr herbei zu helfen. Alles, was gesagt und getan wurde, nicht mehr rückgängig zu machen durch ein gutes Wort. Tot! Jetzt wartet nur noch: Ja, was? Ja, wer?

Wir müssen alle offenbar werden vor dem Richterstuhl Christi. Alle. Und da gewinnt das feste Herz einen unendlichen Wert. Welchen? Das meint dann: dass du, wenn du einmal stirbst, dich bereitet haben musst. Dass du, wenn dir die Augen und das Herz gebrochen sind, vorher schon, vorher weißt, glaubst, festhältst: Jesus starb für mich. Sein Tod ist der Tod meines Todes. Da seine Augen brachen und er – wie heißt es: neigte sein Haupt und verschied. Er starb. Schreiend: Mein Gott,

---

Beerdigung von Gerda Herrmann, 43 Jahre, am 6. November 1992 in Schwabhausen

warum hast du mich verlassen! Also, liebe Gemeinde, das müsst ihr wissen und ihr müsst euch trösten lassen: Da schrie er auch all das heimliche Rufen und Beten und Bitten und alle Verzweiflung, die wir in uns haben, die diese Frau auch in sich hatte, in ihrem Herzen mit sich herumtrug, da schrie er das hin zu seinem Vater im Himmel, da, am Kreuz. Und da er ihn erhörte, bleibt nun auch kein Stöhnen und kein Wort und kein Seufzen unerhört. Es wird aufbewahrt und wird, wie man nicht oft hört: für dich verwandt! Für dich, nicht gegen dich! Denn er, der gekreuzigte und lebendige Herr Jesus Christus, er ist unser Anwalt. Er starb für uns. Er ließ sein Herz brechen, damit unser Herz stark würde, wir fest und gewiss leben und sterben. Es ist ein köstlich, ein gutes, das einzig gute Ding auf Erden, sein Herz durch Gnade befestigen zu lassen. Einen Ring aus Gnade ums Herz legen zu lassen, das geschieht in der Taufe. Da bist du gleichsam mit diesem Jesus verlobt worden, der Ring seiner Gnade, der euch aneinander bindet: sein Geschenk an dich! Jesus schenkt dir dein Leben, dein zeitliches behütet er aufs ewige Leben hin.

Und seht: 43 Jahre eines Menschenlebens, ach sie hat die Ihren geliebt, wie oft hat sie angerufen und ist gefahren und hat etwas für die Ihren, für die Kinder vor allem, getan – aus Liebe. Ihr werdet sie sehr vermissen. 43 Jahre. Ihr Lieben, zählt mal eure Jahre und erschreckt. Und euer Herz sollte ins Wanken kommen. Und ihr fragt euch: was, wenn ich jetzt ... ? Und dann greift diesen Ring der Gnade. Lasst euch befestigen. Es geht nicht anders. In uns Menschen, in unseren Herzen, in unsrer Seele kann so vieles müde, schwer belastet, zerbrochen, entzwei sein. Da braucht es Helfer. Da braucht es den Befestiger. Und wenn dann das Leben zerbrochen ist, die Augen gebrochen und für immer geschlossen, ja, wer soll euch dann befestigen, helfen, heilen, vergeben, aufrichten zum ewigen Leben, wer? Wenn nicht Jesus, der Heiland? Wer soll uns denn heilen, ganz machen an Seele und Leib, wenn nicht der, der unendlich gnädig, ganz und gar frei und völlig liebevoll uns ruft und lockt und bittet: »Kommet her zu mir alle, die ihr mühselig und beladen seid. Ich will euch erquicken!«

Also doch jetzt auch, nicht wahr! Gerade jetzt. Er lügt ja nicht, er heilt euch, auch die verborgenen, tief innen für andere unsichtbaren, aber schmerzlich brennenden Wunden – heilt er.

Und dann: wir sagen, 43 Jahre, welcher Abbruch. Welches Fragment, welch ein Torso, solch ein Leben, wie ein nicht fertig gebautes

Haus, wie eine Ruine, wie ein zerbrochenes Gefäß. Aber ihr müsst, ihr Lieben, über dem Leben und Sterben von Gerda Herrmann nun nur noch den sehen, den Heiland Jesus. Der alles ganz machen, alles heil machen wird, auch an ihrem Leben vollenden wird, was angefangen, gebrochen, unvollendet ist. Auch die Liebe zu euch, die wird er ganz sehen. Auch die Sorge um euch, die wird er als ihre ganz um euch gesorgte Liebe sehen. Ach, glaubt doch nicht, er liebe nicht das Stückwerk! Gerade das hat er lieb. Wie denn könnte sonst irgend jemand von uns auf Jesu Liebe bauen, die wir doch alle, alle nur stückwerkhaft leben und handeln und sterben. Über jedem Leben gilt es, jeden Tod hebt es auf dem, der glaubt und von sich wegsieht auf den, der da spricht:

Ich trage deine Krankheit des Leibes und der Seele. Und lade auf mich deine Schmerzen. Ich bin um deiner Missetaten willen verwundet und um deiner Sünde willen zerschlagen. Deine Strafe liegt auf mir, damit du Frieden hast, Frieden mit Gott und in dir und mit deinem Nächsten. Das Band der Gnade umringt uns, wir können nicht verloren werden. Amen.

Offenbarung 3,11 und Threni 3,25

Halte, was du hast, dass niemand deine Krone nehme. (Offenbarung)

Denn der Herr ist freundlich dem, der auf ihn harrt, und der Seele, die nach ihm fragt. (Threni)

Ihr Lieben, ich würde jetzt gerne da von der Kanzel runter steigen, mich zu euch setzen, um den Trost zu hören. Den Freund betrauern. Wie wir das taten in diesen Tagen, betroffen, wie unter einem Schleier – das kann nicht sein! Und wollte mir mit euch gute Worte sagen lassen.

Und da würde er aber gesagt haben – da hinten in der Bank, tuschelnd mit seinen Banknachbarn, blaue Äuglein blitzen lustig –: »Was macht denn unser Pfarrer jetzt? Geht ihm das Wort aus? Bei mir? Und muss er's denn nicht sagen, sagt er nicht immer, Jesus Christus spricht! Und Gott sagt!?«

Und so bleibe ich hier, bis wir dann den Weg gehen, der noch schwer wird, er ist ja noch auf der Erde, bis wir ihn ins Grab senken. Und dann seht ihr's vor Augen: Da liegt jetzt der Leib des Freundes im Sarg in der Erde. Ja, wir Christen, liebe Gemeinde, ja, das müssen wir doch denen auch einmal sagen dürfen, die schon lange müde und resigniert und gleichgültige und abgewendete Menschen sind, ja, wir Christen sind auch vor dem Tode nicht gefeit. Ja, auch nach uns greift er. Auch uns, die wir doch dem lebendigen Herrn Christus gehören, der den Tod besiegt hat, auch uns holt er auf die seltsamsten und erschütterndsten Weisen von der Seite unsrer Lieben. Auch wir kommen in Fragen und Zweifel und sind in Gefahr, uns wegnehmen zu lassen, was wir haben. Nicht mehr zu halten. Was denn? Glauben zu halten! Und im Glauben das ewige Leben zu halten, denn wer glaubt, der hat das ewige Leben!

Beerdigung von Willi Schmidt, 65 Jahre, am 19. Mai 1996 in Schillingstadt

Weil das so ist, versammelte er sich ja auch mit uns in dieser Kirche zum Gottesdienst. Weil einmal für uns Menschen die Stunde kommt, da wir nichts mehr halten und festhalten können, da uns die Hände im Sarg gefaltet werden, zu nichts mehr nütze. Tot. Deshalb sagt uns der Herr, auf den wir trauen und bauen, sagt uns der Herr über den Tod: »Halte, was du hast! Gib es nicht auf. Wirf es nicht weg. Ich komme bald.« Darauf, ihr Lieben, kommt wohl alles an, darauf: dass unser Leben ein wahres, gültiges, gottgeschenktes Ziel findet. Wir könnten auch sagen: eben eine Belohnung. Eine Krönung. Für Treue. Für Freundlichkeit. Für Freundschaft. Für Güte. Wir haben sie ihm ja auch gegeben nach Menschenart – haben ihn geehrt für langjährige Mitgliedschaft in den Chören und im Sportverein. Was bekommt man da? Nadeln, Urkunden, Präsente. Symbole sind das, notwendig zwischen Menschen auf menschlich gesprochen gutes Werk verweisend. Aber vergänglich. Wie Orden. Nicht zum Vorweisen, wenn du vor Gott trittst, Rechenschaft über dein Leben abzulegen. Da zählen die gar nicht, nicht ein Fitzelchen. So seid auch nicht so töricht, mit den Neunmalklugen zu meinen, mit dem Tode sei alles aus! Deshalb sei das beste Lebensmotto immer noch: Tue recht und scheue niemand! Damit käme man gut durch. Vielleicht im Dorf. Aber nicht durch den Tod, da bleibst du mit diesem Spruch stecken in der Todesenge. Denn wir wissen es anders und glauben es und bekennen es: Der, der auferweckt wurde von den Toten, Jesus, der Herr, der lebt und ist erhöht zur Machtherrschaft Gottes und der sagt als der einzige, rechtmäßige und wahre Herr aller Welten und auch deines Lebens: »Siehe, ich komme bald. Halte! Halte fest! Deine Krone! Die ich dir gnädig in der Taufe, als du ein Gotteskind wurdest, geschenkt habe, verliehen, nicht weil du sie verdient hättest, sondern weil ich sie dir schenken wollte.« Die brauchst du. Mit der musst du vor Gott erscheinen. Die ist das Pfand auf deinem Kopfe oder in deiner Hand, das Durchlass gewährt durchs Todestor ins Leben mit Gott. Da zählt nur, was Jesus dir sagt. Und wie du gehört hast, dass du ihm gehörst. Das zählt, auch in Ewigkeit und das zählt allein, was der Prophet aus den Trümmern und dem Todeswimmern und den Gräbern der kaputten Stadt Jerusalem heraus rettete für uns: Gottes Wort sagt, worauf es ankommt:

»Denn der Herr ist freundlich dem, der auf ihn harrt.
Und freundlich der Seele, die nach ihm fragt.«

Das, ihr Lieben, meint: festhalten, was man hat. Was zählt über den Tod hinaus. Was kein noch so blitzartiger Tod uns rauben kann: Gottes Freundschaft. Gottes Freundlichkeit. Gottes Nähe.

Du bist ein von Gott geliebtes und irdisch und ewig gerettetes Menschenkind. Gottes Rettung im Leben – wie Willi Schmidt gerettet wurde, als die Bombe neben der Kirche einschlug und der Schuljunge Willi auf dem Weg war zur Großmutter. Wie er Ruhe gewann und Zuversicht aus seinem Kirchgang und seinem Glauben. Weil er da von dem Herrn hörte, der seiner Seele freundlich ist. Und sein wird. Und der Seele seiner Frau. Und seiner Kinder. Bei dem ihr geborgen seid.

Auch wenn es jetzt verdunkelt ist, dies freundliche Angesicht Gottes. Dieser Freund ein Feind geworden zu sein scheint. So verstellt der Tod den Blick auf Gott, so sehr, dass wir anfangen zu zweifeln an Gott und anfangen dem Tod Glauben zu schenken, der uns einredet, er habe allemal das letzte Wort! Aber deshalb genau die Aufforderung in unsere Herzen, wieder und wieder, durch die Zeiten für die, die in der Finsternis und Todesnot sitzen: Harrt auf den Herrn! Lasst nicht locker. Betet zu ihm. Ruft ihn an mit Gebet und Flehen. Glaubt nicht, er habe euch verlassen, und wenn ihr's glaubt, dann schreit eben wie verlassene Kinder, die aber genau wissen, wonach sie schreien in ihrer Verzweiflung: nach Vater und Mutter!

Harrt des Herrn! Halte fest, was du hast, die Lebenskrone. Die ist ja nichts anderes als das Wort Gottes, in dem er sich dir schenkt, wieder und wieder, die Krone des Lebens, das Evangelium vom Heiland Jesus Christus, in das hinein du dich bergen, in das du fliehen, von dem du dich ummanteln und schützen lassen kannst. Das du hörst, damit du lebst.

Seine Lebenskrone, ihr Lieben, das ist das Geschenk seines Heilandes an ihn, unvergänglich. Mit dem er nun in die Ewigkeit und die Herrlichkeit Gottes eintreten darf. Jeder und jede von uns, nur damit, mit nichts sonst, lasst euch nicht täuschen: Haltet, was ihr habt – Gottes Liebe, die euch nicht lässt, euch nicht, die ihr um ihn trauert. Und euch nicht, die ihr erschrocken seid. Und euch auch nicht, die ihr so sicher eure Tage lebt: Es bleibt seine Krone euch als sein Schmuck und Ehrenstück, verliehen aus Gnaden dem heimgekehrten, verlorenen Sohn, der verlorenen Tochter. Findest du dich in den Armen des Vaters wieder, so bist du schon gekrönt. Er hat sein Geschenk, unser Bruder und Freund. Nun kann ihm auch der Tod das nicht mehr streitig machen. Die Krone des Lebens. Seines Herrn Jesu Liebe in Ewigkeit. Amen.

Offenbarung 21,4

Und Gott wird abwischen alle Tränen von ihren Augen. Und der Tod wird nicht mehr sein, noch Leid, noch Geschrei, noch Schmerz wird mehr sein.

Liebe Gemeinde, Tränen abwischen, das tut eine Mutter. Bei ihrem Kind. Das weint. Das oft allen Grund zu haben meint, zu weinen aus tiefster Verzweiflung, wie Kinder eben weinen können. Ihr kennt das und ihr wisst das. Und manchmal sehnt man sich danach, dass man wieder einmal richtig weinen könnte, dass da dann jemand wäre, der einen in den Arm nimmt, eine Mutter, ein Freund, ein Mensch, dem man vertraut, der mich lieb hat – und du bist geborgen und hörst vielleicht: Komm, komm, weine nicht mehr, es ist ja alles gut.

Männer weinen nicht. Ich weiß nicht, wer diesen törichten Satz in die Welt gesetzt hat. Denn tief innen drin, ihr Lieben, ist auch bei den Härtesten oft ein Schluchzen, ein schweres, ungetröstetes Schluchzen nach Geborgenheit, nach Trost, nach dem: sich einfach einmal fallen lassen dürfen und sich dann geborgen, getragen, umfangen wissen können!

Und Gott wird abwischen alle Tränen von ihren Augen.

Wenn Gerhard Riegler geweint hat – was wissen wir schon davon –, dann vielleicht nur hinter seiner Tür, vielleicht nur, die Arme auf den Tisch gestützt und den Kopf in die Hände. Still in sich hinein geweint vor Einsamkeit, Kummer, Sehnsucht, dass jemand die Leere in ihm fülle. Wir wissen es aber nicht. Wir wissen überhaupt so wenig voneinander, wir Menschen, die wir meinen, einander zu kennen.

Er ist einsam gestorben. Nicht hier, wo er geboren wurde. In Mannheim, wo er lebte, arbeitete, vielleicht Freunde hatte – und dann doch allein.

Beerdigung von Gerhard Riegler, 63 Jahre, am 6. Februar 2001 in Merchingen

Und Gott wird abwischen alle Einsamkeit aus ihren Herzen.

Auch eure, die vielleicht niemand kennt. Durch lautes Reden übertönt, damit niemand das innere Schluchzen hört. »Hier, Herr Pfarrer, sie müssen wissen, da, wo andere ein Herz haben, da ist bei mir ein Loch, und das versuche ich aufzufüllen, wieder und wieder« – Ihr ahnt, liebe Gemeinde, ihr ahnt, welch verborgene Unergründlichkeiten ein Mensch haben kann.

Und kein Leid wird mehr sein.

Ach, da wird ja immerzu von der Zukunft geredet, merkt ihr es? Wird immerzu gesagt: wird, wird, wird. Ja, aber das ist es wohl, was einzig uns helfen kann. Und ihm. Dass der Tod, sein Tod, den er gestorben ist, dort in seiner kleinen Wohnung am Tisch, nicht das Ende ist. Kein Tod irgendein Ende ist, sondern dass ein »wird sein« über deinem Leben steht. Um Gottes willen. Um Jesu Christi willen. Der schrie auch. Der war auch sterbenseinsam dort am Kreuz auf Golgatha. Obwohl er wahrlich kein Loch da hatte, wo andere ein Herz haben. Sein Herz war voll mit Liebe zu uns und mit Liebe zu Gott, seinem Vater im Himmel. Überfließende Liebe im Herzen des Jesus, dessen Herz bricht. Dich überströmende Liebe am Kreuz auf Golgatha. Der war auch voller Schmerz, aber es war der Schmerz seiner unbändigen Liebe zu uns Menschen. Und der wurde auch vom Tode gerissen wie ein Tier vom Raubtier, so, wie der Tod reißt, absolut lieblos, die Liebe auszumerzen aus den Herzen der Menschen, sie zu umhüllen mit schwärzester Nacht. Warum der Jesus? Warum Gottes Sohn? Der Gott liebt mit uns gar nicht vorstellbarer Liebe. Und den Gott liebt mit der Liebe, mit der er uns auch liebt? Warum lässt der Vater das zu? Und warum lässt Jesus das über sich ergehen, dem doch die Engelheere zu Gebote standen, die ihn herausgehauen hätten aus seiner Not und seiner Bedrängnis und aus dem Tod. Warum?

Damit Gerhard Riegler eine Zukunft hat im Himmel. Damit über seinem nun mit 63 Jahren beendeten Leben hier in dieser Welt dies »wird sein« erfüllte, ewige Gegenwart wird. Damit er aus seiner Einsamkeit, hier auf Erden erlitten, gerettet wird. Damit auch seine Tränen abgewischt werden, sein Schluchzen gestillt, seine Sehnsucht erhört sein wird. Von Gott selber. Um Jesu willen. Der für ihn starb am Kreuz, damit er lebt in Ewigkeit.

Ja, ihr Lieben, so ist das, nur so, mit ihm und dann einmal und jetzt schon, wenn wir's denn nur glauben würden, mit uns auch.

Große Worte? Die ein Pfarrer nun einmal machen muss bei einer Beerdigung? Aber warum hätte ich dazu einen Anlass? Der ich diesen

Mann nicht einmal mit Namen kannte, der ich nicht Pfarrer von Merchingen bin, seine Familie nicht kannte, seine Mutter nicht, sein Aufwachsen hier nicht und sein Leben in Mannheim nicht? Was sollte mich zu großen, ungedeckten Worten verführen? Allein das drängt mich, dass ihr, die ihr lebt, seine Angehörigen, seine Altersgenossen, ihr alle, hier es hört: Der Mann Gerhard Riegler ist nicht vergessen. Das kam ihm vielleicht so vor: um mich kümmert sich niemand. Oder, zu einem Freunde gesagt, ich weiß es nicht: Ich habe niemanden, nur du noch kümmerst dich um mich.

Nein, nein: Gott wird abwischen alle Tränen von seinen Augen.

Wird seinen Kummer in Freude verwandeln. Hier auf Erden geschah das nicht. Warum das nicht geschah, weiß ich nicht, ihr auch nicht, vielleicht nicht. Wer kennt schon ein Lebensschicksal und, schrecklich aber wahr, wie oft sind uns denn Lebensschicksale auch gerade mal gleichgültig? Verzweiflung, Abgewiesenwerden, Fremdsein, sich-verachtet-Fühlen? Wer kennt das schon, wenn er es nicht am eigenen Leibe erlebt? Nein, ihr Lieben: Wir müssen uns diesem Jesus zuwenden. Der kennt das. Der hörte um sich, elendiglich am Kreuz sterbend, das Geschrei der Harten und Starken, derer, die meinen, immer mit allen, die Gleiches tun und denken, gut Freund zu sein – und sei es, einen Menschen zu Tode zu bringen. Der Jesus, der weinte Tränen, nicht der Reue, sondern der Trauer, der tiefen Gottestrauer über die kaputten Menschen, die ihn töten, damit sie nicht geliebt werden und wieder lieben dürfen. Der Jesus, der leidet den Schmerz, der einen zerreißen kann oder die gefährlichsten Auswege suchen lassen kann, damit er aufhört, der Schmerz, der Lebensschmerz.

Und deshalb ist allein Jesus, der Sohn Gottes, der Heiland es, der ihn, den Mann aus Merchingen, in Mannheim gestorben, jetzt dann hier ins Grab gelegt, kennt, lebt, rettet, dem er in die Arme gelaufen, gefallen, vielleicht gestürzt ist.

Hat er ihn gekannt? Der Mensch den Jesus, seinen Herrn? Hat er um ihn gewusst? Sich an ihn erinnert in schweren Augenblicken und in letzten Atemzügen? Wir wissen nichts. Nichts.

Nein doch: Wir wissen etwas. Das Entscheidendste über und für unser Leben. Das erzähle ich euch jetzt. Damit ihr es behaltet und euch erinnert, wie das aussieht: Er wird alle Tränen abwischen von ihren Augen und Leid und Geschrei und Schmerz werden nicht mehr sein. So sieht das aus:

Im Dom zu Naumburg geht man, wenn man das Kirchenschiff durchschritten hat, vorne auf den Chor zu. Da sind die berühmten Stifterfiguren, wie die Uta von Naumburg, aufgereiht. Und wer da hinein will, der muss durch den Lettner, eine Wand, die den Chor von dem Kirchenschiff trennt. Und muss durch eine von zwei Türen, direkt nebeneinander. Sie sind getrennt nur durch ein großes Kruzifix, dessen senkrechter Stamm die Türpfosten bildet, dessen Arme die Tür oben begrenzen, links die eine Tür, rechts die andere. Und wer durch eine der Türen hindurch will in den Chor, muss unter einem der Kreuzesbalken hindurch. Und daran hängt der Gekreuzigte. Man sieht ihn sehr gut, von weitem schon. Und da soll es so gewesen sein, dass ein in der ehemaligen DDR erzogener kleiner Junge mit seinem Vater vor dem Crucifix stehen bleibt und fragt: Wer ist das denn? Und der Vater meint, dass er das nicht wisse, und geht unter den Armen hindurch. Und der Junge bleibt nachdenklich stehen, wie Kinder das tun, die eine ausgebliebene Antwort nicht hinnehmen wollen. Und sagt dann so vor sich hin, den Christus betrachtend: »Aber der macht doch: ›Komm in meine Arme!‹«

Ja, ihr Lieben, das ist es, das ist unsere Zukunft, hinein in die Ewigkeit fallen wir, wenn wir uns in seine Arme fallen lassen, die des für uns gekreuzigten und auferstandenen Jesus Christus. Der da spricht: »Kommet her zu mir alle, die ihr mühselig und beladen seid, ich will euch erquicken!« Da ist dann niemand mehr allein, Tränen sind getrocknet, Fragen sind beantwortet, Schuld ist vergeben, nur noch: Du und Dein Herr, dich festhaltend und nie mehr loslassend. So ist es, wird es sein. Amen.

Ich glaube das ewige Leben

Jetzt wird das Schönste kommen, liebe Schwestern und Brüder, denn das Schönste muss ja endlich kommen. Jetzt, wenn wir über das nachdenken, worauf wir zuleben, wohinein wir sterben und wohinzu wir auferweckt werden und was wir durch das Gericht hindurch erlangen werden, ist es nur noch schön. Ja, es ist so: »Verdeckt, verborgen, geheimnisvoll ist das ewige Leben, und doch offenbar durch das Wort. Wenn wir es nicht in vollkommener Verklärung sehen, so fällt doch ein Lichtstrahl der Einsicht in unsre Herzen. Der Trost ist uns zugesagt: ›Wer glaubt, der hat das ewige Leben‹ (Johannes 3,36)« (Rolf Binder). Diesem Lichtstrahl folgen wir, der deckt das Schönste auf, und so fällt von dem ewigen Leben her Licht auf unser zeitliches Leben: Licht der Hoffnung, Licht, das so vieles zum Gleichnis werden lässt für das Schönste, das jetzt kommt.

»Einmal muss das Fest ja kommen«, hat die große Dichterin Ingeborg Bachmann, eine durch und durch zerrissene, eine nach Liebe sehnsüchtig dichtende Frau, geschrieben: *»Einmal muss das Fest ja kommen!«* Und wer die Sehnsucht nach diesem Fest und die Hoffnung auf dies Leben nicht ausharrt und herbei dichtet und -predigt, der kennt die Wucht des Glaubens noch nicht.

Dein Glaube ist erst am Ziel, ist erst vervollkommnet, ist erst erfüllt, wenn du schauen darfst, was du geglaubt hast, mehr, mehr noch schauen darfst, als du überhaupt glauben konntest – und dann musst du es nicht mehr glauben: du bist am Ziel.

Denn am Ende, in der Ewigkeit, bei Gott, ganz bei Gott, wird nur noch Liebe sein. Es ist schon ein ganz großer, ein heller, herrlicher Satz, den der Apostel Paulus einmal schreibt und damit Vergangenheit, Gegenwart und Zukunft eines Christen überschreibt: »Nun aber bleiben Glaube, Liebe, Hoffnung – aber: die Liebe ist die Größte unter ihnen.«

Gepredigt am 2. Sonntag nach Trinitatis, 24. Juni 2001 in Schillingstadt, Schwabhausen und Windischbuch

Kann auch gar nicht anders sein. Denn Liebe allein macht die Welt wahr und in der Wahrheit heil. Liebe allein macht dein Leben ganz. Deine Liebe, mit der du liebst und die Liebe Gottes zu dir, mit der du geliebt wirst. Glaube ist nicht mehr nötig, wenn das da ist, was du glaubst, wenn du sagst: ich glaube das ewige Leben! Hoffnung ist nicht mehr nötig, wenn heraus ist, dass du dich eben nicht zu Tode gehofft hast, sondern dass du im Hoffen den Tod in seine Schranken gewiesen und dich ins ewige Leben hinein gehofft hast. Und was da ist, ist dann nur noch: Liebe. Liebe, dich umhüllend, überströmend, ausfüllend; Liebe, die dich je und je geliebt hat und die dich nun verwandelt und dich neu macht, glänzend, schwer vor Glanz und klar und unzerbrechlich neu, Liebe, dich umfangend, das endlich heimgekehrte Kind.

Darüber reden wir jetzt. Davon will ich euch zu sagen versuchen. Am liebsten singen. Denn wer das begriffen hat, dass er von dieser Liebe jetzt schon ergriffen ist, der kommt ins Singen. *»Liebe, dir ergeb ich mich, dein zu bleiben ewiglich!«*

Und wenn wir davon sagen und singen sollen, wie wir es gesungen haben, dann gilt zuerst eines:

Das ewige Leben ist nicht und niemals die Verlängerung unsrer irdischen Wünsche und Träume. Also als wäre es so eine Art überhöhtes Schlaraffenland: da wäre dann alles, was du dir gewünscht und nicht bekommen hast – ewiges Weihnachten für Kinderwünsche. Nein: Ewiges Leben ist nicht erfüllter Weihnachtsgeschenke-Wahn! Das musst du dir ganz fest und deutlich einprägen, damit deine Hoffnung nicht zu klein ist und dein Glaube nicht verwirrt wird. Diese irdischen Wünsche, die du hattest, die Träume, die hast du vergessen. Die kommen nicht durch den Tod hindurch mit dir, die musst du ab- und aufgeben, die verschwinden einfach, als hätte es sie nie gegeben, die sind dann nie der Maßstab für das, was Du im ewigen Leben haben wirst. Sie sind, so will ich es einmal sagen, an deinen Körper, an deinen Geist, an dein Fleisch gebunden. Aber »das Fleisch und das Verwesliche werden das Reich Gottes nicht ererben.« So ist es gut, wenn du dich von dieser Vorstellung immer wieder verabschiedest: Ewiges Leben ist nicht Erfüllung deiner Wünsche, Träume und Sehnsüchte.

Und deshalb, wie gut, musst du nicht dein Leben dafür opfern! Die Liebe aber, die bleibt, die wird erhöht:

»Liebe, dir ergeb ich mich, dein zu bleiben ewiglich!

Und das andere, was zu sagen ist, bevor wir weiter singen und sagen, was auszuräumen ist, damit in unser Singen und Sagen kein falscher Ton und keine tödliche Melodie sich einschleicht.

Das ewige Leben ist auch nicht das Ganzmachen deiner abgebrochenen Beziehungen. Ist nicht die Erfüllung deiner Lüste und Gelüste, mit der du dich herumgeplagt hast in deinem Leben Und es ist auch nicht die Erfüllung deiner Rachegelüste gegen die, die dich beleidigt, gekränkt, verletzt, verwundet haben.

Es ist gut, dass dies alles verschwunden, vergeben und also vergessen und so alles durch Liebe in Liebe verwandelt sein wird und dass du es gern vergisst, dein Leid und deine Rache, deine unerfüllte irdische Liebe und dein Sehnen nach Geborgenheit, hier nicht erfüllt – denn du vergisst es in den Armen des Vaters, der dein Gott ist und der dich wie eine Mutter in den Schoß nimmt und einfach nur noch liebt.

Ja, es wird nur noch Liebe sein, und zwar genug, genug für alle. *»Liebe, dir ergeb ich mich, dein zu bleiben ewiglich!«*

Haben wir uns davon verabschiedet, von unsren Wünschen und von unsrem Richten und von unsren Vorstellungen, dann tut sich der Himmel auf für uns. Und was wir nun sagen, das sind alles Bilder. Aber Bilder, die Gleichnisse sind für das, was wir haben und sein werden, wenn wir sagen: Ich glaube das ewige Leben.

Das wird das ewige Leben sein, dass Gott mich freundlich ansieht und mir die Hand auf die Schulter legt und mir sagt: »Es ist alles gut«! Ja, das wird er tun, dein Gott und Heiland Jesus Christus. Und das »Es ist alles gut« – so wie eine Mutter es ja sagt und ein Liebender zur Geliebten –: »Es ist alles gut« – das ist doch hoch tröstlich. Damit ist doch dein Glaube hineingenommen in die Erfüllung, der Glaube, der hörte, immer wieder, Jahr für Jahr, und viele hörten es wenigstens am Tag des Kommens Jesu Christi in diese Welt, an Weihnachten: Jesus ist da, alles wird gut!

Das wurde dir gesagt in der evangelischen Verkündigung, du hast es geglaubt oder im Glauben zu halten versucht, und nun siehst du: es ist wahr, er legt den Arm um dich und sagt es dir, er selber: Es ist alles gut! Damit ist dein Leben heil gemacht und ganz und gerecht. Es summt darin die Geborgenheit, die man hat, wenn man in den Schoß eines Menschen, dem man vertraut, den man liebt, seinen Kopf legt und selig einschläft, um getröstet wieder aufzuwachen. Und wie erst wird es sein bei Gott!

»Einmal muss das Fest ja kommen!« Dies Fest, dies ewige Fest des Umfangenwerdens von den starken Armen, die nun nicht mehr schüt-

zen und wiegen und bergen müssen den Sohn, die Tochter, die, aus der Gefahr gekommen, noch zittern und zagen, denn es ist ja keine Gefahr mehr für dich und dein zerbrechliches Leben, sondern dein Leben ist gewonnen, ist ganz und gar geheilt, ist verwandelt: Es ist ja gut! Es ist alles gut! Also dann auch das, was dich hier verletzt und was dich zerrissen hat. Das Ungetröstete in dir, das Unverstandene in deinem Leben, das, was dich fertig und leer gemacht hat, was deinen Glauben an den lieben Gott und gerechten Vater so oft angefochten hat, dies ständige und hämmernde: Warum?, das uns so oft den hoffenden Blick verstellt: es ist alles gut. Und du, du darfst es heute für dein Leben annehmen: wenn du das glaubst, das ewige Leben, dann kannst du wissen: eines wird jedenfalls sein: alles wird gut sein.

Das ist das eine. Du wirst keine Liebe bedauern, mit der du geliebt hast und die vielleicht zerbrochen wurde. Und keine Liebe wird verloren sein, mit der du, vielleicht ganz und gar unvollständig, geliebt wurdest auf Erden. Liebe zwischen Menschen ist ein Abglanz der Liebe Gottes, die alles gut macht.

Dann aber auch: *»Einmal muss das Fest ja kommen«* – es wird sein ein Fest der Gefundenen, derer, die endlich heimgefunden haben. Denkt an das Gleichnis vom Verlorenen Sohn – ein Gleichnis auf jeden Fall auch dafür, wie es am Ende, im ewigen Leben sein wird. Denn alle Gleichnisse des Herrn Christus haben ihre Wirklichkeit im ewigen Leben, da werden sie wahr geworden sein für uns. Sie kommen aus dem ewigen Leben in die Zeit zu uns, damit sie uns verwandeln ins Staunen über die Zukunft, die Gott uns bereitet hat. Und damit wir jetzt schon das begreifen und verstehen, in Bildern, was sein wird, wenn es heißt: ewiges Leben! Das Gleichnis dafür, wenn du da ankommst: Der Vater hat dich erwartet wie ein Liebender die Geliebte. Hat dir entgegengeschaut, wie du dich von ihm fort immer schon zu ihm hin bewegtest durch so viele Irrwege und finstere Täler und öde Wüsten. Er hat dich ersehnt, als du wegliefst von ihm; er hat dein Sehnen gespürt und dein pochendes Herz, das nur die Arme des Vaters wollte, gefühlt; er hat die Schuld, die dich fertig machte, an den Rand des Lebensruins brachte, gesehen und vergeben, noch ehe du den Satz der Vergebungsbitte aussprachst. Denn es ist ja das Vaterherz, das Jesus sandte, dich zu suchen und zu retten, als du noch verloren warst und dich sicher zu ihm zu tragen durch Nacht und Einsamkeit und Schuld, und er wird es dir sagen, was war und wo du nun bist: »Wir sind durch Not und Freude gegangen Hand in Hand, vom Wandern ruhen wir nun überm stillen Land«. O, die Romantik des ewigen Lebens – hier darfst du in Bildern schwelgen. Und dann wirst du eingekleidet mit neuem Kleid und mit dem Ring der Liebe und dem Schmuck der glänzenden Güte Gottes. Ewiges Leben: Du bist nun Sohn, bist nun Tochter deines Gottes in Ewigkeit und nichts, nichts mehr wird dich von ihm entfernen, wegziehen, ihm entreißen können, denn Nichts ist nicht mehr – es ist nur noch Fülle des Lebens und der Liebe: *»Liebe, dir ergeb ich mich, dein zu bleiben ewiglich!«*

Und nicht wahr: von dieser Gottesliebe hast du ja schon so viel und oft in deinem Leben, wenn du hier im Gottesdienst sein Evangelium hörst, hier die Vergebung der Sünden zugesagt bekommst und glaubst, hier hörst: »Gott ist die Liebe, er liebt auch dich!« Da ist schon, im Gottesdienst der auf Erden gerufenen, gewonnenen, versammelten und zum ewigen Leben erwählten Gemeinde Jesu Christi, ewiges Leben gegenwärtig.

Ja, und dann das Fest: *»Einmal muss das Fest ja kommen!«* – und jetzt ist es da. Die biblischen Bilder vom ewigen Leben sind schön, besonders das von der Tisch- und Mahlgemeinschaft derer, die zu ihm kommen aus allen Räumen und Zeiten. Gedenke des Gleichnisses vom verlorenen und heimgefundenen Sohn: Das Heimkommen endet im Fest, in der Tischgemeinschaft, im Mahl mit Gott, dem Vater! Und mit allen, die im ewigen Vaterhaus leben, weben und sind. Mit Gott an einem Tische sitzen. Nicht mehr nur, wie beim Abendmahl, Jesus unsichtbar gegenwärtig, das glaube ich, sondern jetzt schaue ich ihn von Angesicht zu Angesicht.

Das ist für mich das Schönste. Jesus schauen zu dürfen, ihn hören, den, der für mich aus Liebe starb am Kreuz, der mich liebt und der mich kennt und mich nun bei meinem Namen ins ewige Leben berufen hat. Und jetzt sehe ich seinen Mund, der meinen Namen nennt. Und jetzt sehe ich seine Augen, die mich voller Liebe anschauen. Und jetzt sehe ich seine Hände, die mir Brot und Wein reichen und sagen: Für dich war er gebrochen und war es vergossen, mein Leib, mein Blut.

Da hat sich erfüllt uralte Sehnsucht aller Gottesfreunde: »Ich aber will schauen dein Antlitz in Gerechtigkeit, ich will satt werden, wenn ich erwache, an deinem Bilde« (Psalm 17,15)! Diese Sehnsucht macht ja schon bei uns die Zeit kurz, nicht lang! Beobachtet das einmal, wenn ihr euch nach einem geliebten Menschen sehnt. Die Zeit wird kurz, weil sie ein Ziel hat: Das Sehen, das in die Arme Schließen, das Umfangen dieses geliebten Menschen – alle Zeit davor ist vergessen im Augenblick, wenn dies Sehnen erfüllt ist. Und so auch, wenn wir sagen: Ich glaube das ewige Leben. Der Glaube liebt die kurzen Zeiten, Liebe will ewig sein!

Ach, liebe Freunde, die Zeit ist zu kurz, das auszumalen, was wir sagen, wenn wir bekennen: Ich glaube das ewige Leben!

Wie auch, wenn du deinen Gott sehen darfst. Und der ist so groß, dass du, ihn anschauend, ihn nicht ergründen kannst, selbst in Ewigkeit nicht! Ich weiß nur eines: Keiner wird sagen: das soll alles sein? Mehr nicht? Sondern: »Was kein Auge gesehen und kein Ohr gehört hat und in keines Menschen Herz gekommen ist, das hat Gott bereitet denen, die ihn lieben!« (Jesaja 64,3 und 1. Korinther 2,9).

So ist es, ihr Lieben, so wird es sein: unvorstellbar schön. Ein Abbild davon habt ihr ja alle in gelungener irdischer Liebe: unvorstellbar schön, die erfüllte Liebe zwischen Mutter und Kind, zwischen Mann und Frau – aber immer bedroht vom Abbruch, immer bedroht und versehrt von der Zeit und dem trennenden Tod. Und dann aber: ewig. Das Wort »ewig« muss man eigentlich nicht erklären, das spürt man, was das heißt, weil wir ja immer geprägt sind vom Nicht-Ewig. Und im allerschönsten Erleben eben das wollen: dass es ewig währt, ewig und drei Tage, ja *»Liebe, dir ergeb ich mich, dein zu bleiben ewiglich!«*

Darauf gehen wir Christen zu. Das prägt unser irdisches Leben. Glaube, Liebe, Hoffnung, diese drei. Kein Weinen mehr, keine Tränen, kein Leid, kein Geschrei. Nur noch und in allem: dein Gott und du! Und mit dir: die Gemeinde Jesu Christi, mit der du gehofft, geliebt, geglaubt hast, in der du gelebt und gesungen und gelitten hast. Jetzt in der Ewigkeit ist niemand allein. Niemand einsam. Das kann man hier sein, als Mensch und auch als Christ, nicht wahr: trotz der Gemeinde und trotz Familie und trotz Kirche und Dorfgemeinschaft. Aber bei Gott: nie mehr allein.

Dazu gehört das, was ich nun sage, auch. Wir werden verwandelt sein, neu, unverweslich – ganz neu. Ihr habt davon ja am vorigen Sonntag hören können. Aber du bist du. Sonst könntest du dich ja nicht freuen und auf Jesus dich freuen und dein Name käme ja nicht aus seinem Munde und riefe dich ins ewige Leben, wenn du aufgegangen wärst in einer allgemeinen Seligkeitseinheit. O nein. Und das bedeutet doch wohl auch: Die, die du liebtest, die wirst du wieder sehen. Und die, die du nicht liebtest, wirst du neu sehen. Du wirst sie erkennen. Erkennen aber heißt nun: Ihr werdet euch einander so sehen, wie Gott euch wollte. Sehen mit den durch seine Liebe verwandelten Augen. Wir nehmen uns und einander wahr in dem, was aus uns und ihnen geworden wäre, wenn Sünde, Tod und Teufel nicht ihre Werke an uns ausgerichtet hätten im zeitlichen, befristeten, auf den Tod zueilenden Leben, dem wir ja mit allen Mitteln zu entgehen versuchten, vergeblich. Und erkennen heißt ebenso: so einander sehen: das früh verstorbene Kind die Eltern, Vater und Mutter; der jäh gerissene Mann, die verschwundene Frau, die durch Unfall getrennten Freunde – ach ja, alle, die auseinandergebrochen wurden in der Zeit. Sie werden einander erkennen im wahren Sinne des Erkennens. Sie werden sich erkennen mit den Augen Gottes. Ohne das, was euch trennte an Versagen und Verzagen, an Gleichgültigkeit und Schuld, an nicht getaner Liebe und unerhörten Bitten – alles ist ja nicht nur vergessen, sondern nicht mehr da. Du wirst nicht mehr hassen, denn Hass wird mit dem Tod vergangen sein, du wirst lieben.

O Liebe, Liebe: »Aber die Liebe ist die größte unter ihnen.« Denn Gott ist Liebe. Und was dich bestimmt, ist hier schon und dann seine Liebe. Liebe ist die Verbindung zwischen allen Zeiten, und dann, wenn es keine Zeit mehr geben wird, wird es eben nur noch dies geben: Liebe.

Welch große, unausdenkbar große Zukunft ist doch darin für dich enthalten, wenn du bekennst: Ich glaube das ewige Leben! Amen.